JN119988

故郷への置き土産

―稲盛和夫伝―

南日本新聞社

故郷への置き土産
——稲盛和夫伝——

はじめに

職場から桜島が見える。南日本新聞社は鹿児島市の海沿いにあり、4～5キロしか離れていない。はじめて来社した人の多くは山容の雄大さに驚く。毎日同じ場所から眺めていても、見飽きることはない。

その姿は季節によって、天候によって、時間によって変わる。見る側の心情も影響する。やけに近くに見えたり、ゴツゴツしていたり、美しかったり。洋画家の梅原龍三郎は「空の色、海の色、緑の色の光り強く美しき」と、その豊かな表情に魅了され、青や赤、白とさまざまな桜島の絵を残した。

経営者として、教育者として多くの人をひきつける稲盛和夫さんは、どんな豊かな表情を持っていたのだろう。故郷に注いだ言葉や素顔を、鹿児島ゆかりの方々に聞くことで、より多角的に、より深く見えるものがあるのではないか。そんな思いからスタートしたのが連載「故郷への置き土産・私の稲盛和夫伝」だ。

訃報が届いたのは２０２２年８月30日の昼過ぎだった。デジタルで速報を打ちつつ、すぐに号外発行の準備を進めた。南日本新聞にとって、鹿児島県にとってそれほど大きな存在だった。

あらためて稲盛さんの歩みを簡単に紹介する。１９３２（昭和７）年、鹿児島市薬師町（現在の城西１丁目）に４男３女の次男として生まれた。終戦後の51年に鹿児島県立大学（現鹿児島大学）の工学部に入学。卒業後に京都の松風工業に入社し、ファインセラミックスを研究した。

京セラの前身である京都セラミックを創業したのは27歳。従業員28人で始まった会社は、日本を代表する世界企業に成長した。電電公社が独占していた電話通信事業に風穴を開けようと第二電電（現ＫＤＤＩ）を設立し、経営破綻した日本航空の会長として再建にも奔走した。

日本を代表する経営者、その経営哲学を伝える教育者としての名声が高まってからも、

郷土愛 最期まで

稲盛和夫さん死去

気さくさ 万人を魅了

「街発展に尽力」

工場立地2市

「巨星落つ」「残念」

県政界関係者ら追悼

偉大な先輩誇り

「進取の精神象徴」 鹿大

「礎築いた」

南日本新聞

号外

稲盛和夫氏死去

京セラ創業 日航再建

90歳、鹿児島市出身

稲盛さんの死去を知らせる2022年8月30日付号外（右）と翌31日付の紙面

大学卒業までを過ごした故郷への思いは変わらなかった。鹿児島市や県、母校への貢献は数知れない。県は２０１９年、第1号の名誉県民として顕彰した。

連載「故郷への置き土産・私の稲盛和夫伝」は訃報を伝えた朝刊の10日後から始まり、約1年続けた。経営哲学を学ぶ場だった盛和塾で親しく付き合った県内の経営者はもちろん、アスリートや部下、親族まで幅広い人が取材に応じてくれた。

連載を読んで「私も話したい」と持ち込んできてくれた方もいた。さまざまな形で接した人々が、自分なりの印象を誰かに伝えたくなるような存在だったのだろう。インタビューしたのは鹿児島にゆかりのある29人。熱く語られるエピソードや言葉を、短い記事にまとめることに記者は苦労したようだ。

本書には新聞で紹介できなかったインタビューを追加掲載した。稲盛さんが「鹿児島の秘書」と周囲に紹介するほど親しく付き合った上原昌徳さん。「教わったことを、少しでも多くの若い人に伝えることが私の務め」との思いで、貴重な話を教えてくれた。

このほか、15年7月と19年7月の紙面に掲載した2回のロングインタビュー、鹿児島大学の稲盛アカデミーから提供いただいた講演録を収録。また、創業時から共に歩み、京セラの社長や会長を歴任した伊藤謙介さんが、京都新聞社に寄せた文章も提供いただいた。京セラの経営やＪＡＬの再建の軸となった「稲盛フィロソフィ（哲学）」を学ぶ入り口にもなると思う。

発刊にあたっては、粕谷昌志氏、京セラ稲盛ライブラリー、稲盛アカデミー長の武隈晃氏からも多大なご協力を賜り、深く感謝申し上げる。

既に数多くの著書があり、数え切れない評伝やインタビューも出版されている。本書は

「稲盛和夫と鹿児島」に焦点を当てた。

鹿児島では挫折の連続だった。今でいう高校受験、大学受験に失敗。病気にもなり、思うようにならない日々を過ごした。だからこそというべきか、その頃の両親の教え、恩師の教え、西郷隆盛の教えはフィロソフィの軸になっている。最期まで愛した郷土・鹿児島の風土や自然も切り離せない。

鹿児島のシンボルであり続ける桜島のように、それぞれが抱く「稲盛和夫像」がある。どれもが魅力的で面白い。戦後80年になろうとする今、その歩みや言葉から学ぶことは多い。これからも多くの人の記憶に残り、語り継がれるはずだ。

２０２４年６月

南日本新聞社編集局長　平川順一朗

目次

第3章 天は見ている

上原昌德さん（城山観光元副会長）に聞く

第4章 思い出を胸に ―稲盛和夫さんを悼む

伊藤謙介さん（元京セラ会長）

あとがき

南日本新聞社論説委員会委員長　山野俊郎

稲盛和夫さんの略年譜

年	年齢	
1932		鹿児島市薬師町(現・城西1丁目)に印刷屋の4男3女の次男として生まれる
38	6	鹿児島市の西田小学校に入学
44	12	旧制鹿児島一中を受験するが失敗、尋常高等小学校に入学
48	16	鹿児島市高等学校第三部に進学
51	19	大阪大学医学部薬学科の受験に失敗し、鹿児島県立大学(現・鹿児島大学)工学部応用化学科に入学
55	23	鹿児島大学を卒業後、京都の松風工業に入社。特殊磁器(ニューセラミックス)を研究
58	26	松風工業を退社
59	27	京都セラミック株式会社を創業
66	34	IBMよりIC用サブストレート基板を大量に受注。京都セラミック社長に就任
69	37	鹿児島川内工場を新設し、IC用セラミック多層パッケージを生産。鹿児島大学に稲盛奨学資金300万円を寄付
72	40	鹿児島国分工場を新設、セラミックフィルターなどの電子部品を製造
80	48	南日本文化賞受賞。鹿児島市に1億5000万円寄付
82	50	社名を「京セラ株式会社」とする。鹿児島県民特別表彰
83	51	若手経営者のための経営塾「盛友塾」(盛和塾の前身)が発足。鹿児島隼人工場操業開始
84	52	私財を投じて稲盛財団を設立、理事長に就任。第二電電企画株式会社を設立、会長に就任
94	62	「京都パープルサンガ(現・京都サンガF.C.)」の設立を支援。株式会社ホテル京セラを設立。鹿児島大学に稲盛会館贈呈
95	63	京都商工会議所会頭就任
99	67	鹿児島大学が名誉博士号を贈る
2000	68	DDI、KDD、IDOが合併してKDDI発足。名誉会長に就任
05	73	京セラ取締役を退任。鹿児島大学に退職金2億8000万円を寄付し、「稲盛経営技術アカデミー」を設立
10	78	日本航空会長に就任。内閣特別顧問に就任
15	83	鹿児島県と鹿児島市に各10億円寄付。鹿児島県が県民栄誉表彰、鹿児島市が市民栄誉賞を贈る
17	85	鹿児島大学に京セラ株100万株寄贈、時価80億2200万円相当
19	87	鹿児島県が第1号の名誉県民として顕彰。盛和塾を閉塾。鹿児島大学に寄贈した稲盛記念館が開館
22		8月24日死去、90歳

第1章　郷土・鹿児島で引き継がれる「稲盛フィロソフィ」

稲盛さんの母校・鹿児島大学では、全学生の必修科目「大学と地域」において「稲盛フィロソフィ」の講義が取り入れられている。稲盛さんによる郷土の後輩への支援、思いについて同大学稲盛アカデミー長の武隈晃さんの言葉で振り返るとともに、講義教材からその思想や哲学について学ぶ。

稲盛名誉会長が本学に遺されたもの ―ずっと、稲盛和夫―

鹿児島大学稲盛アカデミー長　武隈　晃

稲盛和夫氏は１９５５年、鹿児島大学工学部応用化学科を卒業されました。卒業論文のテーマは「入来粘土の基礎的研究」でした。毎年11月の京都賞ウイークに合わせ鹿児島大学稲盛記念館の稲盛ライブラリーで現物が公開されています。

氏の本学への最初の経済的支援は69年の「稲盛奨学生制度」の創設です。「母校において、人生に限りない夢と希望を抱く若い皆さんに、少しでも貢献できれば」との思いによるものと伝えられています。京都セラミック株式会社（現京セラ株式会社）創業後わずか10年、齢（よわい）37歳でした。

稲盛和夫京セラ名誉会長（当時）が遺されたものをここに書き尽くすことはできません

が、鹿児島大学が未来に引き継いでいくものについて紹介します。

稲盛によって再建された日本航空（ＪＡＬ）、そして日本エアコミューター（ＪＡＣ）と鹿児島大学による産学連携プロジェクト「地域密着型パイロット人財創出」プログラムが現実味を帯びた頃、稲盛を京セラ本社に訪ねました。若人の夢をかなえるこのプログラムについて報告した時のあの慈愛に満ちた名誉会長の表情を生涯忘れることができません。それから2年後、稲盛記念館で執り行われた鹿大とＪＡＬ、ＪＡＣとの連携協定締結式に寄せられた名誉会長の言葉です。

「パイロットとして鹿児島の離島で暮らす人々を支えていくという強い気概と美しい利他の心を持った若い人たちの『思い』を真正面から受け止める大学であり続けていただきたいと思います。明日の日本を担う若者の夢と希望の創出を通じ、地域、社会にさらに貢献し続けること、そのことこそが未来の人材を育む教育機関として鹿児島大学がさらに輝きを増す王道であろうと思います」

深遠な稲盛の思想ですが、青年稲盛が掲げた京セラの経営理念(1961年)「全従業員の物心両面の幸福」、その半世紀後のJALの「全社員の物心両面の幸福」と普遍なる「利他の心」を高等教育機関としての大学がどう受け止めるべきか、稲盛アカデミー長を拝命し、その後教育担当の理事・副学長を兼ねるようになり、これを「すべては学生のために」に置き換えることには幾ばくかのためらいがありました。「すべては学生のため…」をあらゆる局面における判断基準、すなわち基本価値に置くことは簡単ではありません。「若い人たちの思いを真正面から受け止めよ」との稲盛の教え、そして本学のたくさんの学生と写真に収まる名誉会長の慈しみの表情がこれを取り払ってくれました。

稲盛の思想を文字通り永久のものにするためにしたこと、それは「稲盛フィロソフィ」を年間約2千名が学ぶ本学9学部の必修科目に組み入れたことです。3年に及ぶ準備期間を経て2020年に実現しました。稲盛アカデミーでの稲盛関係の講義や学外での研修は優に10を超えますが、全学必修の科目はこれが初めてです。この講義では正規の講義時間以外に時間外学習用の教材が映像で準備されています。「フィロソフィの誕生」、「利他の心を判断基準にする」、「能力を未来進行形でとらえる」の３本です。京セラ本社横の「稲盛ライブラリー」には膨大な稲盛のアーカイブ（文書・映像等）が整備されていますが（アーカイブ化はなお作業が続いています）、この３本は稲盛の書籍（自著）全55冊の編さんに関わった粕谷昌志氏（24年より鹿児島大学稲盛アカデミー特任教授）の助言によるものです。

鹿児島大学稲盛会館にて（京セラ提供）

「印象に残った稲盛の言葉」を学生アンケートによって問うたところ一番多かったのは「人生・仕事の方程式」、二番目は「利他の心」でした。同じ質問を社会人対象の履修証明プログラムの修了者にすると、上位２つは同じですが順位は入れ替わっています。

さかのぼること30年、１９９４年には工学部

鹿児島大学稲盛アカデミー講演＝2008年7月(京セラ提供)

創立50周年を記念し、科学技術を中心とした知的交流を促進するための場として「稲盛会館」を寄贈されました。建築家安藤忠雄氏の設計によるもので、大ホールはご両親のお名前から「キミ&ケサ メモリアルホール」と名付けられました。

99年には「起業家育成のため、経営哲学や経営手法を教える講座を開設する」との趣旨の下、本学工学部に寄付講座「京セラ経営学講座」を創設されました。

２００４年には各学部の最優秀の学生を表彰する鹿児島大学稲盛賞が創設され、以来毎年の卒業式において授与されています。

05年には稲盛の京セラ退職金と京セラからの寄付をもって「稲盛経営技術アカデミー」を創設されました。専門職大学院構想はその後進展せず、08年4月、全学共同教育研究施設「稲盛アカデミー」が発足しました。9月には「稲盛アカデミー棟」の開所式が行われました。「社会で大切なのは実直で誠実な人間力。鹿大が『人間力を培える大学』として評価される教育の場になってほしい」と挨拶されました。これを機に鹿児島大学稲盛アカデミーの名誉アカデミー長に就かれ、09年6月にはベトナム社会科学院からの施設提供を受け、「稲盛アカデミーベトナム事務所」が開設されました。13年には主に社会人を対象とした履修証明プログラム「稲盛経営哲学」が開講され、第12期(23年度)までに408名の修了者を輩出しています。

17年には京セラ株式100万株の受納式が11月に開かれました。「母校である鹿児島大学の発展に役立つことをしたいと思い、京セラの株式を贈呈することとしました。株式の配当金を将来性のある学生のために有効に使っていただきたい」と挨拶されました。本学は18年に「鹿児島大学稲盛和夫基金」を設置し、配当金で得られる収益は、「地域密着型パイロット人財創出プログラム」、「UCL稲盛留学生」、「鹿児島大学学生緊急支援」、「KU-DREAM研究員支援」、「鹿児島の近現代教育研究拠点整備」など鹿児島大学独自の教育研究の発展のために活用されています。

19年には稲盛の哲学を学び、知の創造を刺激する場として活用し、国際社会で活躍し得る有為な人材の育成と地域、産業界との連携強化を図ることを目的とした「稲盛記念館」が寄贈されました。

鹿児島大学に完成した自身の像と並ぶ稲盛和夫鹿児島大学名誉博士＝2017年3月

換算で100億円をはるかに超える名誉会長からの経済的支援、そして寄贈の際には、若い皆さん、郷土の後輩、将来性のある学生、若者…などの言葉が常に添えられてきました。その慈しみの心は、工学部の卒論指導に当たった島田欣二教授、名誉会長が「生涯の心の師」と仰いだ当時日本における第一級の先端技術者だった内野正夫教授らによる大学の文化、風土の下で学生生活を送ったこと、大学が学術の探究にふさわしい場であるべきことへの強い思いによるものであったと思われます。

稲盛の「思い」と「利他の心」を未来に引き継ぐことこそ、私たちにできるせめてもの恩返しと言えるのではないでしょうか。だから「ずっと、稲盛和夫」。

鹿児島大学全学必修科目「大学と地域」 講義用映像教材より

1. フィロソフィの誕生

（1998年9月3日 盛和塾東北塾長例会での稲盛氏の講演より）

「京セラフィロソフィ」の誕生

私は京セラをつくってから今日までずっと、経営していきますのに京セラフィロソフィ、京セラの哲学というものを社員に話をし、社員と共にその京セラフィロソフィを実行してきました。

その結果が、今日の京セラをつくっておりますものですから、この1頁目からお話を始めようかなと思います。

始める前に、まず「京セラフィロソフィ」ということでございます。ご承知の通り、私は鹿児島の生まれでございまして、鹿児島大学を出て、京都のあまり立派でない焼き物の会社に就職をしました。それが人生の始まりでした。入った会社は、終戦後ずっと赤字続きでございました。私は昭和30年４月の入社でしたから、終戦からちょうど10年、日本がやっと荒廃から立ち直り始めた頃でございましたが、その会社は依然として終戦後の混乱のまま、赤字続きであったわけです。初任給は、たしか８千円だったと思います。田舎の大学、鹿児島大学の工学部応用化学科を卒業して就職をしましたものの、立派な会社でない赤字続きの会社に入ったこともありまして、今後、自分の人生はどうなるんだろうと、大変不安に思っていた時期でありました。

その会社では、今私がやっておりますファインセラミックスの研究をやってくれということで研究部に配属になって、研究が始まったわけですが、なにせ新卒で入ってきた私が１人でファインセラミックスの研究をするという、そういう状態のなかで、私にはどういう人生が待ち受けているのだろうというふうに思いながら、ボロ会社であったものですから、こんなボロ会社だとは思わなかった、なるべく早く辞めてよそへ行こうとばかり考えておりました。ところが、就職難の時代でございます。大学を出てもなかなかいい会社に勤められない時代でして、その会社にもやっと入れてもらったぐらいですから、そこを辞めてみても行くところがあるわけもない。悶々としながら、非常に不満も持っておりました。

会社を辞めようか、どうしようかと非常に悩み、自分の人生、どういう生き方をしていけばいいんだろうと思いながらも、結局行く場所がない。その若い時の情熱のはけ口を、私は研究に求めました。ボロ会社で給料も遅配するという状況でしたけれども、結局、不平不満を持って外へぶつけてみても意味がないと思ったので、自分の研究に情熱をぶつけたわけです。そうしますと不思議なもので、研究がどんどん進んでいきました。人ができない、世界でも2番目という素晴らしい研究が進むということになってまいりました。

そういう煩わしい、浮世の状況から逃げよう、逃げるために研究に打ち込んだ。必死に打ち込んだ。実はそのことが、人生観、または私なりの哲学というものをつくっていったわけです。すべてのものを忘れて、一つのこと、研究に打ち込んでいる状態の時に、人生観みたいなものがつくられていったわけです。そしてそれをベースに、京セラフィロソフィというものがつくられたのでございます。

研究に打ち込んでいるなかで、フィロソフィ、人生観というものが非常に大事だというふうに、漠然とですが、思い始めたわけです。ですから、27歳で京セラという会社をつくっていただいて、当初、私は取締役技術部長という形で京セラは始まったわけですけれども、その時に、私の人生も、京セラという会社の未来も、私どもが心に抱く考え方、人生観、また哲学、そういうもので決まるのではないかというふうに思いました。

もう一つは、私は旧制中学校1年生の時に終戦を迎えたわけですが、私どもの年代ですと、戦争中はあまり勉強していませんし、戦後も焼け野が原のなかであまり勉強もしておりません。アルバイト、アルバイトというような毎日だったわけです。また鹿児島市内は、空襲と艦砲射撃で焼けてしまっておりました。沖縄の次には鹿児島に米軍が上陸するだろうといわれておりましただけに、完膚なきまでに鹿児島の町は焼かれてしまったわけです。勉強もしていない、あまりしていない。そして生活も大変苦しい中で育ってきて、学生時代は学生服を買うお金もなくて、ジャンパーを着たままで、げたを履いて学校に通っておりました。そういう男が京都へ出てきたわけですが、標準語をしゃべれない。ましてや関西弁なんていうのはまったくという。そういう状態のなか、鹿児島から出てきて、わずか4年くらいしかたっていない時に、京セラが始まったわけであります。

そうするとその瞬間から、私は経営のトップとして従業員をまとめていかなければなりません。京都の周辺で採用した二十数名の社員を引き連れて経営をしていかなければならないのです。その時に、その従業員たちをどう一本にまとめていくか。それは私にとっては大変なことでありました。つまり、私という束ねを中心に従業員を一本にまとめていかなければならない。そのためには立派な私自身の考え方、また人生観、そういうものを持っていなければ、決して人を惹きつけていくことができないだろう。だから、経営を続けていくためには、どうしても立派な経営をしていくためには、私自身の考え方、人生観、哲学というものを立派にしなければいかんではないか。そう思ったわけです。

私一個人の人生の将来、会社の将来、そういうものは考え方、人生観、哲学というものに左右されるのではないかということ。また、従業員をまとめていく軸の中心となる私は、みんなが本当に納得をしてついてきてくれるような、いい哲学を持たなければやれないのではないかということ。その二つの理由でフィロソフィというものを大事にしたわけであります。

そしてそのなかで、これはもう盛和塾の人たちは、みんなよくご存じなんですけれども、人生の結果、仕事の結果は「能力×熱意×考え方」という方程式でできるのではないかというふうに思ったわけです。

先ほど言いましたように、私は東大でありますとか、京大でありますとか、一流の大学を出たわけではありません。田舎の大学を出ております。ですから、「能力」という点では決して一流ではないかもしれない。

しかし、「熱意」というのは、たとえ能力が若干落ちても、誰にも負けない努力をするという熱意だけは、自分の気持ちの持ちようで決められるのではないか。それが足し算ではなしにかけ算でかかるということは、たとえどんな一流大学を出た立派な人よりも、熱意がもっと大きかった場合には、結果としては非常に大きい数字になるのではないかと私は思っております。足し算ですと、いくら熱意があっても効果はそれほどでもないかもしれませんが、かけ算で、倍数でかかってきますので。

次に来るのは「考え方」です。これが今言います哲学、またはその人の人生観でありますが、これもかけ算でかかってくる。そして考え方には、私がその時に考えたのは、マイナス１００からプラス１００まであるということでした。

極端な例でありますが、能力があって、熱意があって、そして世の中を斜に構えて泥棒をしたいと思っている。しょせんは矛盾だらけの世の中で、不公平な世の中なんだから、私は泥棒稼業で生きていこうと思えば、能力もあり、熱心さもあって泥棒稼業をやっていこうとすれば、その結果は大きなマイナスになるわけです。つまり、考え方がネガティブですから、マイナスになる。それをかけ算でかけますから、結果は全部マイナスになってしまうわけです。

この方程式を考え出した時に思ったのは、よく人生では、いい学校を出ておられるのに、決してそんな怠け者ではないのに、業績が上がらない、会社がうまくいかない、人生がうまくいかない人がおられます。それは考え方が少しマイナスだからなんです。少しマイナスでも、結果は全部マイナスです。あの人は少し人間性がおかしいよ、あの人は少し人間性が悪いよと言われて、少しだから結果に少ししか響かないというのではありません。実はトータルとしてはマイナスになってしまうんです。

あの人は学校も出ていない、しゃべってみてもさほど頭も良くない、教養もない、だけど仕事熱心で、人柄も悪くない。そういう人が立派な会社を経営しているケースがいくらもあります。それは、大したことはないと思っても、「考え方」というところが実は大きな影響を及ぼしているはずだと私は思ったんです。そして、こういう方程式でもし人生が決まるのなら、「考え方」を立派なものにすべきだと気付いたわけです。

そう気が付いて考えてみますと、古くは私どもの戦前の教育ですと、実は修身や道徳のなかで、有名なあの人はこういう生き方をしたとか、こんな考え方をしていたとか、いっぱい習ったものです。ところが、そういうものが戦後、全部否定をされました。当時の日本政府が、そういう道徳とか修身を利用して、われわれを軍国主義のなかに放り込んでいった、その道具に使ったものですから、戦後、全部否定されてしまったんです。

しかし、立派な考え方をするということは、大変大事なことだと私は思ったわけです。ですから、「考え方」というものをこのフィロソフィのなかに全部入れて、こういう考え方で人生を歩こうじゃありませんか、ということを京セラで始めていったわけです。

2. 能力を未来進行形でとらえる

（1999年10月28日 盛和塾中部地区合同例会での稲盛氏の講演より）

能力は伸びていくことを前提に人生を設計する

実はこの「能力を未来進行形でとらえる」というのは、自分の持っている能力は、無限の可能性を持っているのだということを表す言葉として、「能力を未来進行形でとらえる」という表現をしているわけでして、これは私の造語ですが、非常に大事なことだと思っています。

今後、皆さんが企業家、経営者として大成していかれるためにも、この言葉は非常に大事な言葉なのです。もし経営者としてではなくて、学者として研究者として成功していこうと思われる場合でも、この言葉は大変大事な言葉であります。

人間というものは、毎日毎日進歩していくのです。未来に向かって自分の能力はどんどん伸びていくのです。その進歩していくということを、伸びていくということを前提にして、自分の人生も設計をしなさい、ということであります。

それなのに大半の人たちは、「いやあ、それは無理やわ、そりゃあできませんわ」と言います。今の自分の能力で考えて、できるとか、できないとかということを表現する。99％、それが一般の人たちの考え方なのです。

そうではないのです。あなたの能力というのは、未来に向けてずっと成長していくのです、進歩していくのです。ですから今から3年後には、今考えるとできそうにもないことでも、その時にはできるのです。できることを信じなければ、人類に進歩なんかないのです。人類というのはすべて進歩をします。人というのは進歩をするのです。それは神様が与えてくれているものなのです。それを、「自分の能力というものを未来における進行形でとらえましょう」と言っているわけです。

「私は勉強もしていません。私にはそういう素養もありませんし、そういう技術もわかりません。だからできません」というのではなく、今からでもいいから努力をするのです。

今からでもいいから勉強するということをしさえすれば、未来に向かって素晴らしい成長を遂げていくのです。能力というのは無限に開花していくのです。

人生、今のままで一生を終わるなんてことを思っている人は誰もいないはずです。自分も努力をして素晴らしい人生を全うしたいと思いながらも、問題を出されると、「いや、それは無理です」と言う。そうではなくて、そういう否定をするのではなくて、そんなとてつもないことでも、自分には可能ではないだろうか。努力をすれば可能性が出てくるはずだというふうに、まず信じるということが必要です。

今の、止まっている現在の能力で自分を評価するのは、あまりにも惨めではありませんか。自分自身を現在の能力でもって評価するのはやめなさい。私の能力というのは、もっともっと未来に向かって開花をしていくはずです。また、開花をするように自分は努力をするつもりです。だから自分の能力というものは未来進行形でとらえていこうじゃありませんか。こういうことです。

まずは能力の進歩を信じる

この言葉が出てきたのは、創業した頃のことです。

セラミックスの絶縁材料を作って売り込みにいきます。そうしますと、どうしても東芝、日立といった一流の電機メーカーの研究者の人たちが、こういうものが欲しいというものしか注文がもらえないわけです。それは特に難しいものが多いのです。

今、私は名古屋に来ていますが、当時は名古屋に焼き物会社の方々がたくさんおられました。当時でも大きな会社でしたが、セラミックス、陶磁器をやっていらっしゃるメーカーの方々が、もうすでに仕事をやっておられるわけです。そこへ今出来たての中小零細、いや零細企業の私が売り込みに行くわけです。そうしますと、名古屋の大手の陶磁器メーカーさんが作っておられるもの、納めておられるものというのは当然、お客さんは間に合っていますから、誰も頼みません。頼まれるのは、そういう大手陶磁器メーカーさんが、「いや、これは難しいです。作れませんわ」と言われたもの、それを、「こんなものを、おまえのところは作れるか」と言われるわけです。

資金力も技術力も雲泥の差があるのに、その雲泥の差の高いところが断ったようなものが来るわけです。「おまえ、できるか」と言われて、「いや、それは無理ですわ」と言ったのでは話にもならない。「資金力も技術もないのですから、なおできませんよ」というようなことを言ったのでは生きられないわけです。なんとかしないと生きられませんから、「なんとかしましょう。やりようによってはできるかもしれません」と言わなければ話の続きもできないという。それで当時、無理して、「できるかもしれません」と言うと、「かもなら、よろしい」と言われるものですから、勇気を奮い起こして、「いや、できます」と言う。

「できます」と言って試作注文をもらって帰ってくる。3カ月後にその試作品をお届けしますと約束までして帰ってくるということをやるわけです。背に腹は代えられない、注文をもらわなければならないから、そうせざるを得ないのです。

そして会社に帰ってきて数少ない私のスタッフ、技術の連中に、「こういうことで、こういうものを頼まれたのだけれども、俺はできると言ってきた。これを今から頑張ってやろうと思う。やったことはないけれども、こういう手法で、こうやってこうやってやったらできるんじゃないかと俺は思う。さっそく実験にかかろうやないか」と言いますと、みんなが「それは稲盛さん、無理ですよ」と言うわけです。

それは事実、無理なのです。やったことがないものですから。しかしそれを「そうか」と言ってしまうと、駄目になります。ですから、その連中を納得させるために、実はこの言葉を使ったわけです。「われわれの能力というのは、未来進行形でとらえようやないか」ということです。今の能力でいえば、できないのは俺も知っている。知っているけど、3カ月後までにわれわれの能力というのは、実験を繰り返しているうちに進歩するはずではないか。そのように考えて、私はこの言葉を使ったわけです。

うそを方便にする

そのときの面白いエピソードがあるのです。

「そんな。できもせんのによう稲盛さん、できるというようなことで注文を取ってきますな」と痛いところをついてくるわけです。なんか詭弁を弄してといいますか、うそを言って注文をもらってきたという。できもしないし、やったことがないのに「できます」ということを言ってきて、よくそんなうそを言って取ってこられましたな、と言われる。

人聞きの悪い。なんとかわからせて説得して協力させようというのに、そんなことを言われたのでは駄目になります。その時に知恵を働かせて、こう言いました。

「なんというばかもんが。俺はうそなど言うてきてへん。俺の能力というのは未来には、これが可能になるはずや。うそというのは、その時に試作品ができなくて、本当にうそにしたときに、『うそを言った』と言えるのだ。その時に試作品ができあがっていたら、うそやないわな。俺はそれをうそでないようにしようと思ってる。しかし、今できていないのに、できると言ったのはうそや、とおまえが言うのなら、それはうそと言わんのだよ。それは方便というのや」

昔、二千数百年前に仏さんが、訳のわからん連中にものは方便で、うそみたいなことを言ったことがあります。それはだますという意味のうそではなくて、そいつらにわからせようとして、「それはうそとは言わんのだよ」と方便を使われたということがあるのです。「3カ月後に試作品を持ってきます」と言ったそれができなかったときには、「稲盛さん、うそを言ったな」と言われても、「それは誠に申し訳ない」となり、うそを言ったということになりますが、それまでは方便なのです。方便がうそになるのか、真になるのか、その間はうそも方便なのだと言って、うちの幹部連中に言ったことがあります。

それはもうしょっちゅう議論しました。毎日毎日がタイトロープを渡るみたいな命がけで、難しいそういうことをやっていったわけです。その時に、唯一信じられるのは、自分の能力を未来進行形でとらえるということでしかなかった。これが唯一信じられる、命綱でした。今の能力ではできるはずがないことははっきりしているわけです。

能力を未来進行形でとらえるからこそ、進歩・発展はある

また、資金を1億円調達し、1年後にある事業をやろうと考えたとします。1年かかって金融機関やら、いろんな人を説得して1億円のお金の準備ができるとします。そうすれば、その時まで自分の能力を磨いていきさえすればよいのです。「今、1億円のお金が必要で、こういう技術があって、こういう人材がいて、こういう事業をしようと思ってもできるわけがない。うちには今2００万円しかないやないか。1億円なんてお金があるわけないやないか、そんなもんできませんわ」となる。しかし、1年後までには今の事業を一生懸命しながら、その間信用をつくって、いろんなルートを経て、銀行、金融機関にも話をして1億円の融資を受けられる。技術はないけれども、その時までには大学に行って大学から優秀な技術屋を雇っていく。またはちょうど今、リストラで大企業をクビになった技術屋で中高年の人がいるだろうから、紹介でもってその技術がわかる人、中高年の人を1人安い給料で雇えば、自分には技術はないけれどもできるかもしれないと思う。1年間

そういう努力をして、1億円のお金の準備ができ、技術がわかる人、例えば、定年になったり、リストラでクビになったりして年も60歳を過ぎているので、「月給は30万円で十分ですよ」と言ってくれる人が得られた。それでその事業に手が出せるということは十分あり得るわけです。

そういうものを能力を未来進行形でとらえて、なんとしてでもやろうと思いさえすれば、必ず道は開けます。そのために、私はお金もない、何もない時に「自分の能力を未来進行形でとらえる」ということを唯一の武器にして仕事をやってきました。ですから、これだけが私の全財産だったと言えます。今の売上7千億円、税引前利益率十数%という企業になっていくまで、これを唯一財産にしてここまでつくってきたのです。

この言葉は、普通誰も使いませんから一般的ではありません。けれど、研究者が、近代的な研究をしていきます場合に、すべてこれを信じられる連中だけが研究をやっているわけです。

例えばプロジェクトチームというものをつくります。大企業ではよくプロジェクトチームをつくっていろんなことをやっていきますが、そのプロジェクトチームをつくるメンバーにはこれを信じていない人を入れては駄目なのです。プロジェクトチームをつくって成功しなかったプロジェクトチームというのは、その中に何人かがこの言葉の意味がわかっていない、またこういうことを信じられない人が入っていたために成功しないというケースがいくらもあります。

ぜひ皆さん、自分というものをばかにしないで、自分にはすごい能力が秘められているのだということを信じて、今、難しいと思うことでも諦めないで、それをぜひやっていただきたいなと思います。

3. 利他の心を判断基準にする

（1999年6月15日　盛和塾関東塾長例会での稲盛氏の講演より）

正しい判断ができるかどうかで経営は左右される

経営者、経営のトップに立つ人は会社の命運を決めていきます。ですから、常に正しい判断をしなければなりません。もし間違った判断をすれば、会社が危機にひんしてしまいます。その正しい判断をするための一番目として、利他の心を判断基準にすることが大切だと言っているわけです。

もう少しわかりやすく説明をしますと、部下から相談がある、またはある仕事をどうしようかと考える。会社では物事を判断していかなければなりません。その判断をする時に、ともしますとわれわれは直感的に考えて判断をします。しかし、トレーニングされていない自分が直感的に判断する場合には、だいたい本能で物事を考えています。

本能とは、私たちの心の中に備わった基本的なものですが、それは肉体を持つ自分自身を守るために与えられた心です。ですから、本能という心は自分自身を守ることに一生懸命です。つまり、自分自身が有利になるためにすべての行動をし、物事を考える心であり、利他の心、人によかれという心とは対極的な心です。これは肉体を持っている自分を守るために神様が与えてくれた心ですから、それがいい悪いという問題ではありません。肉体を持った自分自身を守る人がいなければ肉体は守れないわけですから、そのために神様が与えてくれたものです。直感的に物事を考えようとしますと、どうしても本能で物事を考えようとします。つまり、自分の会社に都合がいいか悪いか、自分の会社がもうかるか、もうからないか、その仕事がうまくいくかいかないかというように、全部、自分に都合がいいかどうかで物事を判断しようとするわけです。これは普通一般に、経営者が全部やっていることです。

ところが、自分自身にいいということで判断をしますと、それは自分自身にはいいかもしれませんが、その周辺の人には悪いかもしれない、取引をする相手には悪いかもしれない。極端に言いますと、無知な相手が、あるものを相場よりも高い値段で買うと言う。その無知につけ込んで、「本人が買うというのだから、いいではないか。こちらも大変もうかるいい商売だ」と売る。相手は世間相場を知らないために買っただけで、それで何かをしようとした場合には、その相手は必ず損をするということが見えているわけですね。見えているのだけれども、「本人がいいと言うのだから、売ればいいやないか」と自分の利益だけを考えて売る。すると必ず相手は困ります。

本能だけで考えた場合は、仕事をする、商売をするときに、自分に都合がいいかもしれない、自分はもうかるかもしれないが、周辺の人に損をさせたり、問題を起こすかもしれない。また、相手も問題を起こすかもしれない。そういうケースはいくらもあるわけですが、利他の心で判断をしますと、相手のことを考えてあげるわけですから、「うちはもうかるかもしれないが、相手は今、知らないからこの値で買うと言っているだけだ。あとで必ず困られるはずだ」となって、「あなた、こんなに高い値段で買ってはいけませんよ。私もリーズナブルな値段でお売りしますから、このくらいでお買いにならなきゃ駄目ですよ」と言ってあげるという。これは損をしたように見えますけれども、損ではないのです。

「相手のためになることなのかどうか」を考えて判断を下す

利他の心で相手のことも考える。相手の立場にも立ってあげるという利他の心で物事を判断する。京セラフィロソフィの中では「あるときには自分自身の犠牲を払ってでも、相手を助けてあげようという心が利他の心だ」と言っているのです。ちょっと先に進みすぎるかもしれませんけれども、利他の心をもって判断基準にするということは、経営だけではありません。政治で国を治める場合でも、または学校で先生をする場合でも、リーダーとなる場合でも、利他の心で判断することは最高の判断基準なのです。

そうは言っても、本当に利他の心で判断できる人は、悟りを開いた聖者、聖人しかいないはずなのです。ですから、私は今「利他の心で」と言っていますけれども、それはまだまだなまくらな中途半端なことを言っているわけです。本当の利他の心というものは、利他の心の究極の境地は悟りの境地です。悟りの境地を開くような修行をしてこられた人が判断される判断基準です。

そういう最高レベルの判断基準で物事を見ていますと、よく見えるのです。素晴らしい人に相談をした場合、「それはやってはいけませんよ」「それはやってもいいと思いますよ」「いや、それはやめておきなさい」と、その人は簡単に言うものですから、普通はなんでもなく思いますけれども、本当に偉い人の判断は全部見えているのです。

よくこのように言います。われわれ凡人、自分だけよければいいという本能だけの連中が、このちまたでうごめいています。勝った負けた、取られた取った、もうかったもうからないと、もう血みどろの戦をやっています。そういうものを、利他の心という一段高いところで見ますと、本人は正しい判断をしたつもりで仕事をしているのですが、そこでつまずくのが見えるのです。「そこに行ったら…。あっ、もうそこに行ったらコケるわ。そこでけがをするわ」ということが見えるわけです。

利他の心で考えれば、「そっちではなくてこっち側だろ。そっちには溝があるやないか。

溝に落ちるやないか」と見えるのですが、本人には溝があるようには見えていない。溝の上に水が流れているものですから、アスファルトみたいに見えて、「こっちのでこぼこのあぜ道よりは歩きやすい」と思う。そして足を踏み入れて、ドボンとなってしまう。欲でもって見ているものですから、そのように見えるのです。ところが利他の心で見れば全部見えますから、大変なことになるのがわかるという。

しかし、われわれ修行をしていない凡人は、「利他の心で判断せよ」と言われても、何を言っているのかチンプンカンプン、何もわからないわけです。今日聞いて帰っても、すぐにまたもうかるか、もうからないかと考えるのです。それでは何もならないものですから、一つ、方法だけを教えます。

物事を考えなければならないときがありますね。これを買うか買わないか、これを売るか売らないか、頼まれたものをするかせんか、というようなことを考えるときに、「おっ、よっしゃ、これをやろう」とフッと思う。それは全部本能から出てきたものですから、最初に出てきたその思いに一呼吸入れるのです。その思いを一度横に置いて、「ちょっと待てよ。塾長は利他の心で、と言われたのだから、ちょっと待てよ。俺がもうかるかもうからんかではなしに、相手にとってそれはええことか悪いことかを考えてみよう」と、ワンクッション入れる。そして、自分にもいいけれども、相手にとっても悪くない、相手の人も喜んでくれるなとなったときにＯＫする。そうしませんと、どうしても自分に都合がいい話にポンと乗ってしまって、相手に大変な不利益を被らせてしまいかねないわけです。

利他の心は悟りの境地、最高の判断基準です。われわれは悟ってはいませんから、それで判断をしようと思ってもしようがありません。ですから必ず、物事を考えるとき、自分でハッと思って「ええな」と思った瞬間、「ちょっと待て」と自分を抑える。そして「これは相手にとってはどうだろうか」と考えて、相手にとってもいいと確認したときに結論を出す。つまり、思考のプロセスの中に一つ、そういう回路を入れておくことが大変大事だと思います。いくら人間ができていなくても、そういう習慣を付けさえすればできるはずです。

利他とは、他の人に喜んでもらう、他人を助けるということです。一番極限の状態は、お釈迦さんは、前世で何回か生まれ変わってきて最後にお釈迦様としてインドに生まれるわけですが、その前世で飢えた親子の虎が今にも死にそうな時に、自分の身を投じて食べさせ、飢えた虎を助けてあげたというお経があります。人を助ける最高のものは、自分の身を滅ぼして助けてあげることなのだと、お釈迦さんは説いておられます。つまり、最高の利他とは自分を殺して、自分をなくして人を助けることなのです。

ですが、そのような利他ということを言いますと、「なんや、あんたなんか商売人やないか。利益追求、利益追求で、10％以上利益がなければもうかっているうちに入らんと言っていながら、一方では人を助けよ、なんてことを言っとる。人を助けておったのでは10％も利益が出るわけがないやないか」と言う人がたくさん出てきます。そして、「あなたはきれい事を言っておられるけれども、それでもって商売できるのですか。あなたは立派な会社を経営し、高収益の京セラを経営しておられるようですけれども、そのことといつも言っておられることとは、どうも矛盾するのじゃありませんか」と言う人がよくおられます。

利他の心の最高のものは、自分を犠牲にして相手を助けることではありますが、自分を犠牲にして相手を助けるのは一生に一回しかできないわけです。命がいくらあっても足りませんから。ですから、利他とはいっても、自分もせっかくこの現世に生まれ出てきて、一回しかない貴重な人生を生きています。その代わりに、周辺の人、森羅万象あらゆるもの、すべてのものが一緒に共生し、共存していかなければならない。そのために、利他の心が要るのです。自分も生きる代わりに、相手も生きてもらう。周辺のもの、すべてのものが生きていくことが利他です。最高に美しいものは自分を犠牲にして相手を助けることですけれども、自分も生き、かつ相手も生きる。地球にある生きとし生けるもの、すべてのものが一緒に共生して生きていけるようにすること、それが利他なのです。そういう意味では決して矛盾しません。

大善の功徳と小善の罪

ならば商売の場合、例えばつぶれかかっている相手から「実はつぶれかかっていますから お金がありません。掛け売りをしてくれ」と言われる。または手形で売ってくれと頼まれる。その手形は当然落ちそうにもないし、調べみると、そこは来月ぐらいには倒産するかもしれないといわれている。それでも相手は「なんとか売ってくれ」と言う。そこで、売るのか、売らないのか。

そういう場合に、「利他の心で判断せよと言われていますから、相手を助けよとおっしゃるのですから、当然売るのでしょう。しかし、売ればその売掛金が焦げ付いてしまって、うちの会社が困ることになる。それならどうするのですか」という質問が、利他ということで、人を助けてあげなさいということを言えば、すぐに出てきます。つまり、「だから利他の心と事業経営は矛盾しませんか」というわけです。

人を助ける場合に、私は皆さんに「小善と大善があります」と申し上げてきました。小善、小さな善きこととは、例えば自分の子供がかわいいばかりに、花よチョウよと甘やかして育てる。子供も喜んでくれるのですが、その結果、わがままに育ち、とんでもない人間に育ってしまう。そういうものを小善と言います。目先だけいいように見えますけれども、その子供にとっては「大変なことをしてくれましたね、そんな生き方をさせたために、そんな育て方をしたために、子供にとってはどえらい人生になってしまいましたよ」ということになります。それを「小善は大悪に似たり」と言います。小善をなすことは、大きな悪をなすことにつながっていきます。

この前も、発展途上国を助けるための経済支援(ODA)の広告に、「私どもは貧しい国の人たちに魚は差し上げません。その代わりに魚を捕る方法を教えてあげます」ということが出ていました。魚をあげたのでは、お金を恵んであげたのでは、ただもらい癖がつくだけで、魚を食べてしまっておしまいになる。そしてまた路頭に迷ってしまう。ですから、今は食べられないかもしれないけれども、魚を捕る方法、魚を釣る方法を教えてあげるという。今、空いたおなかを膨らませるものはあげません。そのためにおなかが空いてどうにもなりませんから、教わった魚の捕り方で、川に入り、海に入り、死に物狂いで魚を捕る。

その方法を身に付けさえすれば、あとは自分で生きていけるはずです。それが大善です。

今ひもじい思いで、今にも飢え死にしそうだからと、魚をあげる、お金をあげるのは小善でしかありません。結局は怠け癖をつけ、しょせんは自活できない人たちを育てることになります。そういう意味では、最近では慈悲、布施、ボランティアで助けてあげるという利他の心の問題も、直接的にただ恵むのではなくて、本当に助けるためには厳しいことがあるのだということに気が付き始めています。利他とは、そういうものなのだと理解してもらいたいと思います。

第2章　故郷への置き土産 ―私の稲盛和夫伝―

日本を代表する経済人になってからも鹿児島を愛し、支えた「経営の神様」稲盛和夫さん。南日本新聞社では、薫陶を受けた29人から心に残る教えや思い出を聞き、2022年9月から23年3月にかけ「故郷への置き土産 ―私の稲盛和夫伝―」と題し連載した。

※年齢や肩書きは取材当時

「大久保利通を見習え」

濵田酒造社長

濵田 雄一郎さん(68)

濵田雄一郎さん(左)の案内で蔵を見学する稲盛さん
=2005年5月(濵田酒造提供)

稲盛さんがつくった経営塾「盛和塾鹿児島」が設立され、翌年の１９９１年に入れていただいた。講義後に焼酎を酌み交わしていたら、稲盛さんに「そろそろ西郷と言わず、大久保を見習っては」と言われた。

『敬天愛人』を掲げる人の言葉とは思えない」と詰め寄ると、「西郷の哲学を実践して意義がある。空哲学ではだめだ」と諭された。情の西郷隆盛、理の大久保利通と言われる。西郷の哲学を実践するには大久保を取り入れる必要がある。そう厳しく指導された。

骨身に染み、実践すると仕事がうまく回り出した。「伝統」「革新」「継承」をコンセプトに「伝兵衛蔵」「傳藏院蔵」「金山蔵」が完成したのはそれから十数年後。視察に来てくれた稲盛さんに「これからは借金を減らせ。そうしないと長期展望は開けない」と言われた。

その翌年の1月、伝兵衛蔵の１棟が焼失した。ニュースを知った稲盛さんから「これも天の啓示。しっかりせんと」と電話をいただいた。猛烈に奮い立ち、再建策の手配を終えた頃、稲盛さんが見舞いに来た。褒めてもらおうと幹部を集めて出迎え、計画を説明した。

すると「あー、やっぱり」とがっくりされた。

銀行にお金を借りて蔵を建て直す計画だったが、「経営戦略の拠点はどこだ。(主力工場の)傳藏院蔵だろう。そこの借金を減らすことが最優先だ」と社員の前で叱られた。確かに伝兵衛蔵1棟がなくても、ほかでやれる。それまでの経営で借金に頼る体質が染みついていたのだろう。

私は再建計画を見直した。借金で資金繰りができるのは当たり前。稼いだ金を投資に回す循環をつくれないと経営者と言えない。大切な経営哲学を教えていただいた。本当に感謝している。

母校発展へ多大な貢献

鹿児島大学前学長

前田 芳實さん（77）

京セラ株100万株を鹿児島大に寄付した際の稲盛さん（左）と前田芳實さん＝2017年11月16日、鹿児島市の鹿児島大学

稲盛さんとは、鹿児島大学学長に就任した2013年からよくお会いするようになった。さまざまな支援を通じて、教育・研究の発展にご尽力いただいた。母校への思いや愛情が、多大な貢献につながったのではないか。

国からの交付金が減り続ける状況に危機感を覚え、大学も自己資金を確保し教育・研究を支えようと基金を設立した。稲盛さんはその旗振り役を担ってくれた。お願いすると「それはいいことだ」と快く名誉顧問を引き受けてくれた。

大学の企画で対談した時は、学生時代のエピソードを柔らかい笑顔と優しい口調で話してくれた。当時は鹿児島市伊敷にあった軍隊の兵舎跡で授業があり、薬師の家からげた履きで通ったそう。お酒を飲んだ後、市電の線路で肩を組んで踊って怒られた失敗談なども包み隠さず披露してくれ、とても身近に感じた。

実験環境は十分でなかったとのことだったが、「何もない中で一生懸命目の前のことに努力を続ける精神を教わった」と話していた。その精神力が数々の功績を生んだのだろう。

多大な貢献や功績をたたえ、17年に学内で稲盛さんの立像を建てた。最初は固辞されたが、何度か京都に足を運んで「鹿大のキャンパスから大きく羽ばたかれたことは学校の誇り。像を見る若者の励みや勇気につながる」と、思いを伝えた。最後は晴れやかな表情で了承してくれた。

大学の理念に「進取の精神」がある。私は卒業式のたびに「進取の精神を持って歩んで」と訴えてきた。そのシンボルが稲盛さんだった。私は77歳になった今も、稲盛さんの言葉に励まされ、新たなことに挑戦している。鹿大生はぜひ著書を読んでほしい。

会見同席 守ってくれた

新日本科学会長兼社長
永田 良一さん(64)

グリーンピア指宿落札について会見する永田良一さん(左)と稲盛さん(右)
＝2004年7月8日、鹿児島市のホテル

稲盛さんが記者会見に同席してくれたことがある。年金資金運用基金から、年金保養施設のグリーンピア指宿（現メディポリス）を購入した２００４年7月のことだ。

落札額は6億円でも、年金保険料２００億円が注ぎ込まれた施設。ずさんな運営への憤りも相まって「不当に安すぎる」との声が起こった。会見で説明することにしたが、私もうまく答えられるか不安だった。この施設での共同研究を予定していた鹿児島大学で、経営協議会委員を務めていたのが稲盛さん。同席をお願いすると、快諾してくれた。

大物の登場に、会見場の空気は一変した。稲盛さんは「無駄な投資の結果」と国や官僚を痛烈に批判し、私を守ってくれた。

稲盛さんとの交流は30年ほど前から。この入札の前に、彼が同じ物件を買うとのうわさを聞いて、京都へ相談に行った。本人に確かめると「買わない」と即答。グリーンピアを新たな切り口で再生したいと伝えると「頑張れ」と背中を押され、覚悟を決めた。

稲盛さんはよく「経営は石の崖を登るようなもの」と話していた。この時も「つかんだ石が崩れないかどうか、よく確認しろよ」と諭された。不安定な石を手がかりにすると、崖そのものが崩れてしまう。大勝負を前にした私に「慎重であれ」と戒めてくれたのだ。共に海外進出で苦労した経験があり、親子ほど年が離れた私を何かと気に掛けてくれた。特に「数字を把握しろ」と繰り返し言われた。稲盛さんがいつも胸ポケットに差していた赤ペンで資料を細かくチェックする姿に倣い、私もすべてのデータを頭に入れている。

懐が深く、人の幸せを自分の幸せとして喜んでくれる人だった。本当にお世話になったと感謝している。

常に「世の中のため」

中園機工会長
中園 洋司さん(76)

賀詞交換会で稲盛さんと歓談する中園洋司さん(左)＝中園機工提供

京セラさんとは1969(昭和44)年、前身の京都セラミックが鹿児島川内工場を造った頃からの付き合い。当時、うちは延岡市にあり旭化成が主な取引先だった。鹿児島にはIC(集積回路)関係のものづくり企業がなく、依頼を受けたのが始まりだった。

ある時、うちの製品に「感謝状を差し上げたい」と稲盛さんが自ら延岡まで来てくださった。感謝状を受け取った後、稲盛さんは自らの考える世の中の姿を熱く語った。その印象が鮮烈で、「普通の人とは違うな」と感じたことを覚えている。

今ほど京セラは大きくなく、京都で開かれる賀詞交換会に毎年招かれた。稲盛さんは郷土愛に満ち、話は鹿児島のことや思い出話に始まり、世の中の予想や事業展開へと移っていった。将来予測は不思議なほどよく当たった。

第二電電企画(現・KDDI)を立ち上げる時、鹿児島地区の関係者が集められた。「NTTが悪いわけではないが、これからの世の中のためには(競合する)会社がないといけない」と言われた。

常に「みんなのためになるかどうか」を考える人。何かことを興そうとするとき、「自分一人のためにやろうとしていないか」と自身と格闘し、大丈夫だと確認して次に進む。そんな稲盛さんに頼まれたら、頑張るしかない。「地元の鹿児島で、なるべくたくさん契約を取らないと」と必死に走り回った。

稲盛さんは社員を大事にし、経営方針を熱く語って浸透させてきた。うちは小さな技術者集団の会社。「技術を磨き、オンリーワンの会社をつくろう」という考えが浸透しているのも、稲盛さんのおかげだ。

謙虚にして おごらず

島津興業相談役

島津　公保さん（72）

盛和塾の新年会で、自ら雑炊を作る稲盛さん。右は島津公保さん
＝2001年1月、鹿児島市内のホテル（島津さん提供）

稲盛さんは人生の師。出会っていなければ、今の自分はない。１９９０年、知人の誘いで盛和塾鹿児島の発足に加わり、知り合った。当時の私は30代後半。帰郷して日が浅く、将来の不安や周囲との距離を感じていた頃だった。

そんな時に聞いたのが、「経営は心だ」「理屈ではない」との言葉だった。人間的魅力や仕事への情熱を大切にするよう教えられ、実践するうちに気持ちが前向きになり、仕事も順調に進み始めた。

稲盛さん自身が魅力にあふれ、誰に対しても驚くほど細やかな気遣いをする人だった。新年会では参加者全員分の雑炊を作ってくれた。集合写真を撮る時はよく、全員の顔がきちんと写るよう、カメラマンの横で指示を出していた。だから手元のアルバムには、みんなの笑顔の写真ばかりが並んでいる。

偉大な実績を残した経営者であるが、実際の人柄はとても謙虚。京セラの創業についても「(会社を)つくっていただいた」と語り、独立した際に出資してくれた人への感謝を決して忘れなかった。

経営の話になると目の色が変わった。ある時、私が風力発電事業の好調ぶりを報告すると「そういう時が一番危ない」「成功も試練」とくぎを刺された。間もなく大規模な故障に見舞われ、教えが骨身に染みた。

社長に事業のことを意見してくれる人は少ない。盛和塾は塾生が互いの問題を指摘し、議論し合う場となった。こうして経営者が切磋琢磨できる関係こそ、稲盛さんが残してくれた大切な遺産だ。２０１９年の解散当時、世界中で約1万5千人、鹿児島では１３４人が参加していた。教えを次の世代へ引き継いでいくことが、私たちの務めだと思っている。

力をくれたネックレス

元京セラ陸上部
荒木 久美さん（56）

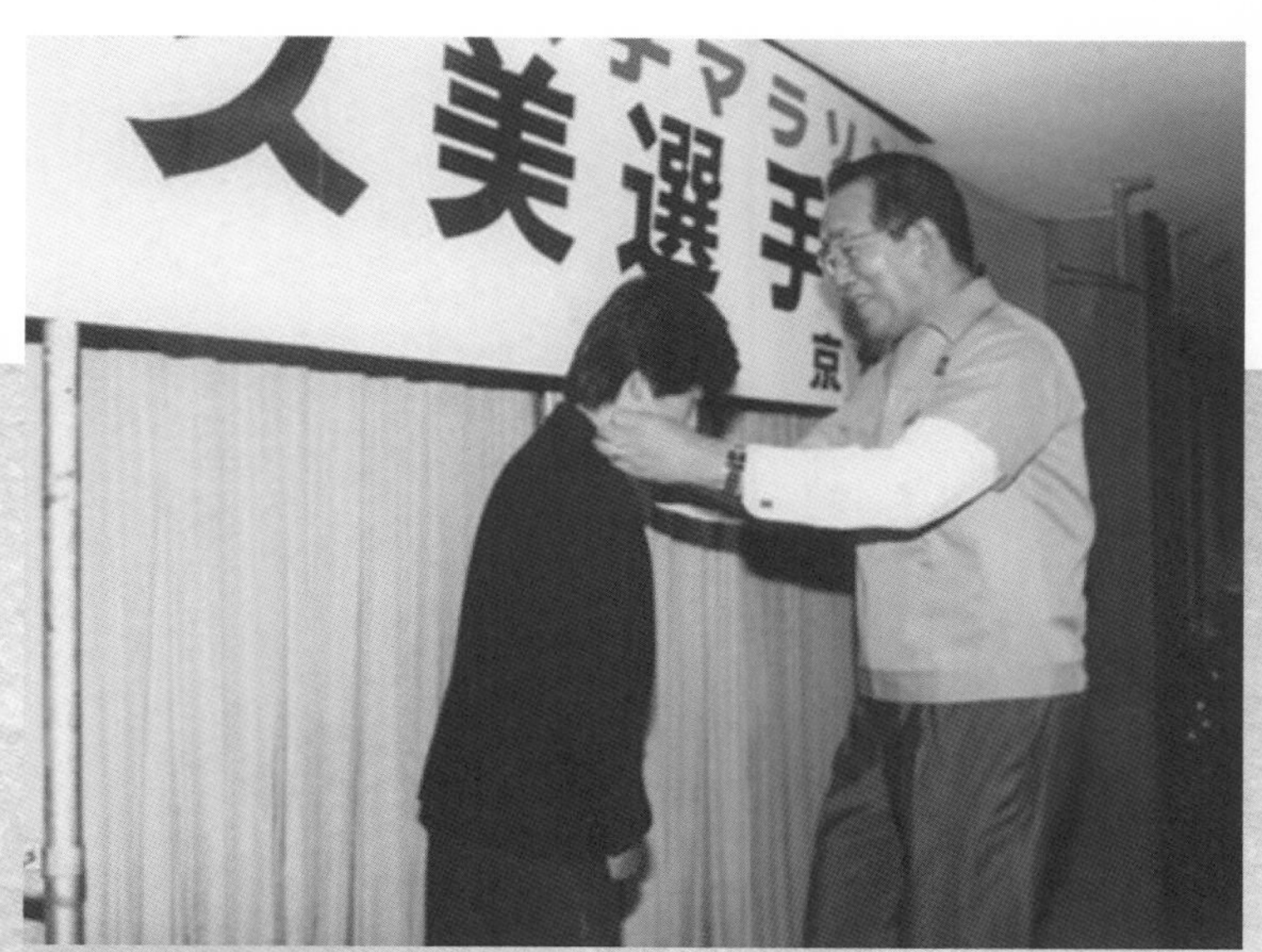

荒木久美さんにネックレスをかける稲盛さん（荒木さん提供）

1988年のソウル五輪は、ルビーのネックレスをつけてマラソンを走った。所属していた京セラの壮行会で、稲盛会長が「これをつけて走りなさい」と壇上でかけてくれたものだ。

五輪出場が決まると、各地の工場からお守りが届いた。全てを持って走ることはできない。深紅のルビーが激励の結晶だと思い身につけた。レースは転倒してしまったが、立ち上がって完走することができたのはネックレスのおかげだ。

全国都道府県対抗女子駅伝は、京セラ本社がある京都で開催される。86年に優勝した際、稲盛会長が「連れて行きたいビーフカツサンドの店がある」と車を手配した。会長の車に全員は座れず、戸惑っていると「いいから乗りなさい」とすし詰めに。運転手から定員超過を注意され、タクシーに乗り換えて店に向かった。懐かしい思い出だ。

2年後の同じ大会。思うような結果が残せず、レース後の懇親会は欠席して一人宿に戻った。数時間後、稲盛会長から「応援してくれた人に、お礼を言わないと駄目だ」という伝言とビーフカツサンドが届く。競技や自分のことだけを考え、視野が狭くなっていることに気付いた。厳しくも温かさを感じる助言だった。

自宅居間には稲盛会長の箴言(しんげん)集をかけている。カレンダー形式で、10年ぐらい毎日めくっている。「見えてくるまで考え抜く」「素直な心を持つ」―。稲盛会長の言葉に触れると、今も人生の基本に立ち返ることができる。

訃報は運転中のラジオで知った。車を止め、スマートフォンを見ると元チームメートからメッセージが届いていた。引退して30年近くたっても感謝の気持ちは消えない。私たちは競技を通じて会社に貢献する存在。走り続ける場所を稲盛会長が用意してくれた。

関西の県人会に愛着

鹿児島県議、元国分市長

鶴丸 明人さん(76)

京都県人会に参加し、稲盛さん(右から2人目)の隣で杯を交わす
鶴丸明人さん(右)＝1999年7月(鶴丸さん提供)

稲盛さんは郷土愛に満ちていた。関西鹿児島県人会総連合会が発足した２００１年10月、会場をずっと回って大勢の来場者を迎え、「同じ古里の人が一堂に集う場ができた」と心からうれしそうだった。私は県大阪事務所長で、稲盛さんを中心に結束する連合会の立ち上げに関わった。

初対面は大阪に赴任して間もない１９９９年７月。京都県人会の集まりだった。威張らず、親切な人柄は以前読んだ著作に重なって映った。日記に「あこがれの稲盛氏と会った。隣で飲む」と喜びを記したほど。これが成功する人だとつくづく思った。

稲盛さんは既に関西一円の出身者から慕われる存在。仕事には厳しいが「県人会には上も下もねぇでなぁ」と話す姿が印象的だった。当時の宝塚歌劇団トップスター、愛華みれさん（南大隅町出身）の後援会顧問などをお願いする中で、設立準備を進めていた連合会の会長を引き受けてくれた。

発足後も県人会活動で親しくさせてもらった。国分市長選に出たのは、真っ先に相談した稲盛さんの「天命だと思って決断しなさい」が決め手だった。２００２年３月、大阪からの異動内示があった一方、勇退表明した市長から人づてに後継を打診されていた。出会いがなければ政治の道に進んでいたか分からない。

政治にしろ経済にしろ競争がないと成り立たないという考えの持ち主だった。金権政治を嫌い、「草の根が選挙の原点だ」と話していた。市長続投を期して落選した時はガツンと怒られた。「負けには原因がある。おごりだよ」と。同時に県議を目指すよう勧められ、自らの政治姿勢を見つめ直して今がある。

稲盛さんの一生こそ苦労の連続だったろう。「魂を磨け。一生懸命に努力する生き方を大事にしろ」と精進を促す教えを改めてかみしめている。

表情や立ち姿にオーラ

奄美市長
安田 壮平さん（43）

奄美大島入りした稲盛さん（中央）と安田壮平さん（右端）
＝2007年9月25日、奄美市笠利の奄美空港（龍郷町教育委員会提供）

2007年に入り、稲盛さんに直筆の手紙を書いた。ちょうど西郷隆盛の生誕180周年・没後130周年に当たり、西郷ゆかりの奄美大島で西郷の話を聞かせてもらいたかった。

当時は松下政経塾にいて、龍郷町有志らの「西郷塾」にも入っていた。秘書から1、2カ月後に返事が届き、町に来てくれるとのこと。「駄目で元々」と思っていたので、とてもうれしかった。

9月25日の講演会当日、実行委員会、町や教育委員会のメンバーと奄美空港で出迎えた。表情や立ち姿にオーラがあり、全てを包み込むような雰囲気。「あなたが安田君ですか。今回このような機会を頂き、ありがとう」と言われ、感激した。

昼食に立ち寄った店の主人が「一筆お願いします」といきなり頼んだ。それでも断らずに「至誠」としたためた。常ににこやかで、立ち居振る舞いが穏やか。相手に気を使わせるところがなかった。

児童虐待や育児放棄といった事情で家族と離れて暮らす子どもを稲盛さんは支援してお

り、奄美市のＮＰＯ法人「奄美青少年支援センターゆずり葉の郷（さと）」に足を運んだ。スタッフらの話に熱心に耳を傾け、「頑張ってください」と声をかけていた。

「人生について思うこと」と題した講演会には１２００人が集まった。会場のりゅうゆう館に入りきらず、体育館にモニターを設けた。「心の管理が大事」「西郷のように無私で人に尽くす」。舞台袖で聞くことができ、印象に残っている。町民に敬意と感謝を込め、「西郷南洲という偉大な存在を育んだ末裔（まつえい）の皆さま」と呼びかけたのが忘れられない。

講演後、ホテルのプールサイドでバーベキューの懇親会をした。くだけすぎかと心配したが、嫌がらずに付き合ってくれた。お礼を伝えたら「もっと頑張りなさい」と励まされた。稲盛さんの存在が生きる指針。「謙虚に人格を磨く」との哲学を座右の銘にしている。

「前向きに生きる」共感

親和興業社長
赤尾　かおりさん（56）

稲盛さんの著書は繰り返し読んだという赤尾かおりさん＝鹿児島市

知人に勧められて稲盛さんの著書を読み始め、特に感銘を受けたのが「生き方」（サンマーク出版）。線を引いて付せんを貼ってボロボロになるまで読んだ。共感したのは「人生・仕事の結果＝考え方×熱意×能力」というかけ算。「考え方にはマイナスもある」と「前向き」に「よい心」で生きることを最も大事にするところがふに落ちた。

どうしても会いたくなって２００８年、稲盛さんが発起人の１人になって都内で開催された致知出版社の30周年記念パーティーに参加した。名刺交換の時間に、差し出した名刺を見るなり笑顔になって「あんたは鹿児島から１人で来たのね」と鹿児島弁で語りかけてくれた。付せんだらけの本を見せて「いつも持ち歩いています」と言ったら本を手に取って、制止するスタッフの手を払って「敬天愛人」とサインしてくれた。

私が鹿児島市の水道工事会社の社長になったのは04年。社長だった義父が03年に亡くなり、跡を継いだ夫も翌年倒れて急死した。会社を託されたが、もともと看護師で経営は素人。夫を亡くした悲しみも癒えずに苦しんでいた。それがパーティーを機に「自分を変えられるのは自分だけだ」と踏ん切りが付いた。「日本一親切な会社」を目指し、水道工事に加えてリフォーム部門「夢姫」を立ち上げて前に動き出せた。

稲盛さんはオーラがきらきら輝いて見えた。「生き方」にある通り、前向きに魂を磨いてきたからだと思う。パーティーで「集まった方々は魂を同じくするソウルメイト」と呼びかけられたのも心に響いた。

不思議なことに、訃報を聞いても悲しい気持ちは湧いてきていない。それはきっと前向きに生きた稲盛さんの魂が「ソウルメイト」である私の中に生き続けているからだと思う。

社員の思い引き出す

元ホテル京セラ総支配人

永田 龍二さん（81）

京セラＯＢ会のゴルフ大会に参加した稲盛さんと永田龍二さん（後列左から2番目）らＯＢ＝2009年9月、さつま町（永田さん提供）

鹿児島国分工場ができたばかりの1972(昭和47)年12月、京セラに入社した。31歳だった。直後に稲盛さんに心酔することになる二つの出来事があった。

その年の忘年会。乾杯の後、幹部らが社長だった稲盛さんに酌をしようとした。すると「みんな動くな。一生懸命働いているのは君たちだ。俺がつぐんだよ」と言って、一人一人に酌をして回った。それにも感激したが、あとで風邪をおして京都から駆けつけてくれたことを知った。

翌年は多忙を極めた。世界初の部品を作っていたが、歩留まりが悪い。納入期限に間に合わせようと、できたそばから空港に運ぶような毎日。ある日、社長から呼び出しがかかった。「こんな忙しい時に」と思いながら行くと、稲盛さんが「お、来たな。まあ飲め」と焼酎を差し出した。

一緒に飲んでいるうちに気持ちが高ぶり、「我が胸の燃ゆる思いに比ぶれば煙はうすし桜島山」と大声で吟じてしまった。稲盛さんは「なぜこの詩を」と問いかけ、鬱憤(うっぷん)を吐き出させた。製品がなかなかできないこと、ギリギリでやっていること…。すべてぶちまけた。稲盛さんは「おーそうや」とだけ言った。

苦労を聞いてもらったことで気分が晴れた。口数は少なかったが、社員の気持ちを引っ張り出すことを大切にしていたと思う。以来50年、稲盛さんを人生の師として仰ぎ、薫陶を受けてきた。口癖のように言っていたのは「京セラにとって何が正しいか、ではなく、人間として何が正しいか、だよ」。この言葉を判断基準にして生きてきた。

訃報を聞き、稲盛さんとの思い出を箇条書きにしてきた。パーソナリティーを務めるFMきりしまの番組内に「巨星落つ」のコーナーを設け、週１回15分間ずつ紹介している。

戦争慰霊碑に深々拝礼

元枕崎市長
瀬戸口　嘉昭さん(81)

平和祈念展望台の慰霊碑に手を合わせる稲盛さん(前列左)と
瀬戸口嘉昭さん(同右)＝2009年9月17日、枕崎市(同市提供)

２００９年、枕崎市制施行60周年の記念事業を進めるに当たり、ぜひとも稲盛和夫さんを記念講演会の講師にお招きしたいと考えた。

とはいえ、これといったつてはない。何とか会えた京セラの秘書室長には「講演はすべてお断りしているので無理でしょう」と言われたが、兵庫県尼崎市での鹿児島県人会まで行ってお願いすると「そこまで言うのなら」と了解していただいた。

そして、いよいよお迎えする直前、会場を変更せざるを得ないトラブルがあったが、稲盛さんは「どこでもいいですよ」と気にする様子もなく受け入れてもらった。

会場のホテルは９００人を超す市民で大変な熱気。稲盛さんは「人は何のために生きるのか」と題して、27歳で会社経営を始めてからの半世紀を約2時間にわたりお話しになった。「良心とは純粋で美しく思いやりに満ちた優しい心。良心が指し示す方向に生きていけば、人生は素晴らしく展開していく」という言葉は今でも胸に残っている。

懇親会にも最後まで残り、懇談や写真撮影に応じていただいた。まったく偉ぶったところがなく、温厚で穏やかな人柄に感銘を受けた。

翌日は、お礼に枕崎市内や笠沙、坊津をご案内した。大変喜んでいただき、中でも海上から立神岩を見上げて「これは素晴らしい」と何度も口にされたのはうれしかった。

そんな中で太平洋戦争末期に戦艦大和と護衛艦が沈没した海域を望む平和祈念展望台を訪ねた時は、慰霊碑に手を合わせ深々とこうべを垂れておられた。静かで厳かなたたずまいが印象に残っている。

19年、近畿鹿児島県人会連合会が開いた稲盛さんの米寿のお祝いに誘われ、お会いした。以前と変わらずにこやかに話され、酒も注いでもらった。長く深いご縁をいただいたことを心から感謝している。

心震えた両手での握手

鹿児島大学稲盛アカデミー長

武隈 晃さん（64）

稲盛さんの著書を手にする武隈晃さん＝鹿児島大学

私が稲盛さんと話をする時は、いつも「名誉会長」と呼ばせてもらった。京セラで会うことが多く、自然と社員の皆さんと同じ呼び方になった。

初対面は2016年2月。名誉会長らの寄付金で設立され、経営哲学などを学ぶ「稲盛アカデミー」のアカデミー長就任が決まってからだ。本社での約1時間のやり取りは、今でも再現できる。その中で私は、若者が世界に羽ばたけるよう最善を尽くす、と誓った。エレベーターまで見送ってくれた別れ際、名誉会長は「頑張ってください」と両手で握手してくれた。感じた温かさに思わず身も心も震えた。いい加減な仕事をするつもりはなかったが、はいつくばってでも役目を果たそうと決意した。

その後、少なくとも年1回は活動報告で京都を訪れた。名誉会長は資料をじっくり確認するので、その間の長い沈黙は緊張した。

仕事には厳しいと聞いていたが、学生に対しては思いやる心があふれていた。鹿大での講演をまとめた著書「活(い)きる力」(小学館など)で、それが分かる部分がある。学生へ利他の心の大切さなどを説く中で、時に「ケツをたたいて叱りますよ」と話す場面だ。言葉の端々に学生への慈しみが感じられた。

稲盛フィロソフィ（哲学）の講義を鹿大生全員の必修授業に取り入れ、もう3年目になる。当初は「一経営者の思想を国立大学が必修にするのはどうか」との意見もあったが、「経営史専攻の学者が研究対象にするような存在だから」というのが答えだ。

アカデミーの社会人中心の履修証明プログラムでは３４９人を輩出し、彼らは県内外で活躍している。これからも名誉会長との約束を守り、若者が羽ばたく場として鹿大を発展させていく。

灰素材の像台座に破顔

鹿児島大学教授、彫刻家
池川　直さん（64）

池川直さんのアトリエで粘土像を見上げる稲盛さん
＝2016年10月、鹿児島市（鹿児島大学提供）

稲盛和夫さんの銅像を作るよう、鹿児島大学から依頼があったのは2016年3月末ごろ。稲盛さんは、鹿大で初めての名誉博士号を贈られた卒業生だ。一般的に、銅像が生前に建てられるのは珍しい。その上、功を成した偉大な経済人の像を引き受ける重圧は大きかった。

当時の前田芳實学長からは「胸像を」と頼まれたが、稲盛さんの大きな人間性を表すには物足りない。予算を確認したところ、この金額なら立像を作れると踏んだ。再び理事会にかけられて1カ月後にはゴーサインが出た。

早速、資料に使う写真を撮るために京セラ本社へ向かった。稲盛さんは84歳。温かな歓迎を受け、帰り際に「この後はどうするんだね」、続けて「夜ご飯を一緒にと思ったけど」。せっかく声をかけてもらったのに、予定通りの便で帰ってしまった。今でも惜しまれる。

制作に取りかかってひと月後の10月、今度は稲盛さんが鹿児島市喜入にあるアトリエへ足を運んでくださった。京セラの秘書らも交えた打ち合わせでは台座の話に。そこで、郷土愛が深い方だというイメージを持っていた私は「古里にちなみ、桜島の火山灰を使った鹿児島産の素材にしてはどうか」と提案した。するとご本人の顔がふっとほころんだ。今も心に残っている。

像はほぼ等身大で制作した。モデルに似せるのは当たり前。だが私は、後世に残る姿としてはギラギラした、血気盛んな雰囲気を織り交ぜようと考えた。初めてお会いする前、京セラ本社隣にある稲盛ライブラリーに立ち寄ると、顔写真が入り口に飾られていた。ちょうど日本航空の経営再建に取り組んだ２０１０年ごろに撮られたもの。当時の生命力あふれる顔つきと、お会いした頃の柔和さを合わせて制作したつもりだ。

稲盛像は鹿児島市の郡元キャンパス内の「進取の気風広場」に設置され、17年3月にお披露目を迎えた。セレモニーで幕を引いた稲盛さんは像を見上げ、驚いたような表情。あいにく感想を聞くことはかなわなかった。次の朝7時に再び見に行くと、像の周りでは大学の近所の人が集まって「すごいな」「よく似ている」と口々に話していた。それを聞いてほっとした。

像が建って５年、卒業式や入学式に記念撮影するスポットになったようだ。大先輩が体現した鹿大の「進取の精神」を思い起こすきっかけとなるよう、学生たちを見守り続けてもらえたらと願っている。

情に厚いが流されず

元衆院議員

川内 博史さん(60)

日本航空の会長に就任し、記者会見する稲盛さん(左)。右は社長に就任した大西賢さん＝2010年2月1日午後、東京都内(写真提供：共同通信社)

稲盛さんとは2002年ごろ、小沢一郎衆院議員を通じて面識を持った。民主党政権の衆院国土交通委員長として、稲盛さんとJAL(日本航空)の再建に関わったことは一番の喜びだ。

JALは「親方日の丸」体質が抜けず、自民党政権時代から経営破綻寸前だった。そんな体質を変え、立て直せるのは誰か。京セラを町工場から日本を代表する企業に育てた稲盛さんしかいないと確信し、鳩山由起夫首相に進言した。私以外にも推す声があったと思う。最終的には会長を受けていただいた。

JALが直面していた課題の一つは巨額の赤字を出す国際線の立て直しだった。当時、国交省は米アメリカン航空との提携を解消し、米最大手デルタ航空との提携を進めようとしていた。

ある日、稲盛さんから電話があった。「デルタとの提携はJALの再生にならない。手伝ってほしい」。アメリカンとは成田をハブ(中軸)空港に位置づけ、互いの強みを生かせる関係を築いていた。一方、デルタの北東アジアのハブは韓国・仁川。提携すれば、日本のナショナルフラッグが地に落ちる。そんな危機感を抱かれたのだろう。

公的管理下にあるＪＡＬの提携交渉は、民間企業の選択というわけにはいかなかった。鳩山さんや小沢さんの承諾を得て、アメリカンとの提携を守る方向で動いた。デルタに傾いた形勢を覆すエネルギーは相当なものだったが、アメリカンとの提携強化が実現し、ＪＡＬが再生できたことは日本の航空業界にとって本当に良かった。

再生の目鼻がつき、稲盛さんから食事に誘われた。ホテルのステーキハウスで「川内さんがいなければＪＡＬの再生はなかった。感謝している」と頭を下げられたことは大切な思い出だ。

政権交代後、国民との約束が守られず、厳しい思いを持たれたようだ。党が政権から落ちる12年の衆院選で、私が応援を求めると「自業自得だ。恩があるから推薦人には名を連ねていいが、応援には行けない」と冷たい反応だった。人間味にあふれ、情に厚いが、情に流されない。経営者としての冷徹な部分も併せ持っていてさすがだなと思った。

同郷の仲間は「兄弟」

関西鹿児島県人会総連合会副会長

渡辺 俊彦さん（78）

宴席で記念写真に納まる稲盛さん（左から3人目）と渡辺俊彦さん（同2人目）＝2017年ごろ、京都市内

２００1年、関西鹿児島県人会総連合会発足の打ち合わせで、稲盛和夫さんと初めて会った。立派な経営者らしい、どっしりとした存在感ながら、決してえらぶらない、気さくな笑顔を見せてくれた。

総連合会ではいつも同じテーブル。毎回、稲盛さんのサインや記念撮影を求める人で列ができるので、せめて稲盛さんが料理を食べられるよう調整するのが私の役目になった。よく一緒に会場を抜け出し、たばこを吸いに行った。最近は分煙が進み、どの会場も喫煙所が遠い。「前は、ここで吸えたやないか。何でだめなんや」と駄々をこねる稲盛さんを「わがまま言うなや」と叱ったら、しゅんとして「はい」と一言。素直でかわいらしいところもあった。

主催する「かごしまファンデー」が赤字になり、会合がもめたことがある。稲盛さんは「やめんかーい」と一喝。「今後の反省材料にしなさい。はよ飲む段取りをせんか」と、その場を収めた。私費で赤字の穴埋めをしてくれたと、後で聞いた。誰もが兄貴分と慕っていた。

総連合会や県人会の仲間のことを、常々「兄弟みたいなもんや」と評していた。それぞれが郷里から遠い関西で、苦労しながら働いてきた。年齢を重ねて親や実家がなくなれば、県人会に故郷の空気を求めたくなるものだ。まじめな稲盛さんが、ガキ大将のようにやんちゃな姿を見せたのは、懐旧の情や、同郷の気安さがあったからではないか。

私が奈良鹿児島県人会会長のほかに、地元団体の役職を引き受ける時には「一方的に上からものを言うな」と助言をもらった。教わったのは、相手を尊重することや、利他の心。もっと早く出会っていたら、私の人生は違うものになっていたかもしれない。

約束以上のホテル整備

元鹿児島県商工労働部長
迫　一徳さん(81)

完成したホテル京セラ別館＝2001年4月

稲盛和夫さんは鹿児島玉龍高校の１期生で、私は９期生。当時は面識がなかった。鹿児島県庁に入庁し秘書課に勤めていた時、企業誘致に注力した金丸三郎知事と稲盛さんとのトップ会談で、京セラが鹿児島に工場を造ることが決まった。この頃から、稲盛さんに親しみを抱いていた。

商工労働部にいた平成の初め、宿泊施設と商業施設を一体的に整備するテクノポリスセンター（旧隼人町）の企業公募に携わった。この時、京セラ興産からホテル事業に応募があった。

当時の土屋佳照知事は「京セラはホテル事業の経験がないと思うが大丈夫か」と懸念を示した。稲盛さんに確認すると、「世界に通用するものを造ることができる」と返事があった。「これまでの経験から、ホテルのあるべき姿、あってはならない姿をわきまえている」との自負を伝えられたのを覚えている。土屋知事は納得し、ゴーサインを出した。

知事の代理で出席した上棟式で、「社長の自室はやはり最上階ですか」と尋ねてしまった。稲盛さんは「自分が来る時は、一般の客室を使うよ」と否定。愚問を恥じるとともに、私事を優先しない人と確信した。

95年に完成した「ホテル京セラ」はグレードの高いしゃれた外観。チャペルがあり結婚式も挙げられる仕様だった。京セラの川内、国分、隼人の工場には若い社員が大勢いる。自社のホテルで従業員に挙式してもらえれば、との思いもあったのではないか。

テクノポリス構想では、ホテルの横に商業施設を造るということになったが、計画は行き詰まった。稲盛さんはホテルの落成式で酒を飲みながら、実現しなかった商業施設建設に対し、真顔で皮肉を言った。「俺は約束を守ったからな」

２００１年、商業施設の建設予定地だった場所には、ホテル京セラの別館が誕生した。稲盛さんへの感謝の気持ちは生涯忘れない。

「ほれさせる」経営者に

ＳＷＡＮ社長
諏訪園 厚子さん（69）

盛和塾の「経営問答」に立った時の諏訪園厚子さんと稲盛塾長（右）

43歳の時、建設業をしている夫が霧島市国分にビジネスホテルをつくり、任されることになった。ずっと専業主婦で経営のイロハも分からない。そんな時に盛和塾を紹介され、2001年1月に入塾した。半年後の例会で、稲盛和夫塾長との「経営問答」があり、登壇の機会をもらった。

ちょうど近くにホテル京セラの新館がオープンしたばかりの時期。「うちのホテルがますます厳しくなる。どうしたらいいんでしょう」と質問した。緊張で足は震えていた。

塾長は笑いながら「(私にそんな質問をする)あなたの勇気を買うわ。今のまま素直な気持ちで前向きに努力すればきっとうまくいくでしょう」と優しく諭してくださった。この言葉があったから頑張ってこれた。ホテル京セラの方々とお付き合いが始まり、いろいろ教えていただいた。

その後も全国各地の例会に足を運んだ。懇親会ではカラオケに興じたり海水浴に出かけたり。水泳は得意だったらしく、沖までぐんぐん泳ぐ姿を覚えている。

ざっくばらんな場面でよく言っておられた言葉が「ほれさせんかよ!」。社員にほれさせる経営者になってこそ、社員は一生懸命働いてくれる。この社長のためにならば自分も頑張らなくちゃ、ついていきたい、と思わせなさい、と。

誰にも負けない努力で仕事をし、一生懸命、人の面倒を見る。一緒にお酒を飲んだり海辺でスイカ割りをしたり、楽しい思い出もたくさん。行動を伴わないと人の心は捉えられない、という京セラフィロソフィの一つ「率先垂範」の教えが刻まれた。

今は霧島市のほか鹿児島市天文館でもホテルを経営している。新型コロナ下だが社員も頑張ってくれて売り上げは伸びている。塾長への感謝の気持ちはずっと忘れない。

頼りになるあんちゃん

鹿児島王将相談役

稲盛 実さん(74)

鹿児島餃子の王将のオープン初日に店を手伝う稲盛和夫さん(左)＝1978(昭和53)年、鹿児島市中町(稲盛実さん提供)

７人きょうだいの次男の稲盛和夫は、末っ子の私の16歳差の「ちんけ（小さい）あんちゃん（兄）」だった。長男の「ふとか（大きい）あんちゃん」と比べた呼び方だ。和夫は京都から実家に帰ると、よく両親に仕事の話をした。その姿は幼い私にとって「頼りになるすごい存在」だった。

和夫が興した京セラの鹿児島川内工場（薩摩川内市）に勤めた後、１９７８（昭和53）年の初夏、両親と暮らすために会社を辞め、鹿児島市に戻った。その時、京都にあった「餃子（ぎょうざ）の王将」をのれん分けしてもらえることになった。

掛け合ってくれたのは和夫だった。王将で働き、独立を希望していた和夫の義弟と同年、「鹿児島餃子の王将」1号店となる中町店（鹿児島市）を開店。初日は和夫が手伝いに来て、水を配ったり、片付けをしたりと雑用をしてくれた。

店の経営で意識していた和夫の言葉がある。「借金はするな」。ずっとうまくいくとは限らないという戒めだ。必死に切り盛りする中、店が軌道に乗るまでは納税をもったいなく感じることもあった。和夫からは「税金は街の道路を造り、困った人を救う。経費だと思え」と諭された。スッと胸に落ち、納得できた。

和夫は両親を大切にしていた。鹿児島出張の度に、同市城西1丁目の実家に寄った。鹿児島王将のギョーザが好物で、焼いて出すと「実んとこのギョーザはどこにも負けない」と絶賛された。今春まで京都に送り、おいしそうに食べていたと連絡を受けていた。

私の妻さつきは、子どもへの接し方が印象的だったという。和夫は子どもに話し掛けられると、大人同士の会話を中断して耳を傾けていた。「草でも石でも自分の師になる。子どもの発言にはヒントをもらえる」との心掛けだった。

「実」という名前は和夫が付けたと本人から聞いた。「稲が盛んで実る。そんな人生が送れるように」との思いが込められていた。鹿児島王将がやってこれたのは、あんちゃんのおかげ。亡くなったのは、まだ実感が湧かないが、とても感謝している。

会話は部下と同じ目線

京セラ元社員
岩城 慎二さん（75）

京セラの仲間とゴルフを楽しむ稲盛さん（左から2人目）と岩城さん（同3人目）

京セラ鹿児島川内工場が操業開始した翌年の1970年1月に入社した。携わったのは数十工程もある電子部品作り。手作業が多く不良品もよく出た。きつかったが、やりがいはあった。

ある日、本社から幹部が来られた。背広姿の一陣の真ん中にひげもそらず、作業着姿で腰に手ぬぐいを下げた人がいた。それが稲盛和夫さんだった。

工場に滞在するときは朝礼で訓示をされた。「みんなで作る製品で世界一になるんだ」「今の電子計算機は大きく高価だが、手のひらに乗るぐらい小さくて買える値段になる」「腕時計が太陽電池で動き、計算機も組み込まれる」。夢を聞きながら「四苦八苦しているときに何を」と思ったが、その通りになった。

当時の工場では毎朝、6カ条の信条を唱和した。これが会社の哲学「京セラフィロソフィ」の原点になったのだと思う。

仕事には厳しく、幹部はみんな直立不動で怒られていた。私も川内の5階建て工場建設を任されたときの苦い思い出がある。練りに練った案を持っていくと、しこたま怒られた。

オイルショックの時代だったので節約した案だったが、「倍にしろ」と言われた。先を見る目はさすがだった。

仕事を離れると面倒見がよく、酒を飲むと日付が変わってもとことん付き合ってくださった。本人はぜいたくをせず、社長なのに長く借家に住み、自家用車は軽自動車だった。

日本をリードする方々との付き合いも多かっただろうが、われわれと話すときは同じ目線で話された。「目標の山はどこから登るのか」「己を磨け」「人生の結果＝考え方×熱意×能力で、考え方が一番大事」。教わった話は退職してからも私の礎になっている。

仏と閻魔、二つの顔

元日本航空会長

大西 賢さん（67）

東京地裁に更生計画案を提出し、記者の質問に答える日本航空の大西賢社長。右は稲盛和夫会長＝2010年8月31日、東京（写真提供：共同通信社）

日本航空（ＪＡＬ）は経営破綻し、２０１０年1月19日、会社更生法の適用を申請した。それ以前に申請した１３８社中、再上場を果たしたのは10社に満たない。誰もが難しいと考えたＪＡＬ再建を、当時の民主党政権は稲盛和夫さんに託した。稲盛さんも、その依頼を断り続けたと聞く。最終的に自ら3年の期限を設け、引き受けてくれた。

日本エアコミューター（ＪＡＣ、本社・霧島市）の社長だった私は、東京に極秘で呼び出された。ＪＡＬ新社長候補の「首実検」だったのだろう。何を聞かれるだろうか、どう答えようか、と準備して臨んだ。

だが、私がしゃべる機会はほぼなかった。ただ、稲盛さんが語る自らの人生や考え方を聴くだけの時間。不思議な初対面だった。イメージ通りの穏やかな人だと、この時は思った。

更生法申請の日、稲盛さんと並んで幹部社員との会議に臨んだ。社長として、過去との決別を宣言するはずだったが、目を潤ませた仲間を見ると言い出せず、つい思い出話を始めた。突然、「ちゃう！」という声とともに、稲盛さんの右腕が私の前に飛んできた。怒気の激しさに、室内は静まりかえった。

ＪＡＬはつぶれた。５千億円超の債権放棄を求め、株券は紙切れとなった。生まれ変わるなら、わずかでも過去のにおいをひきずっていてはならない。それを稲盛さんは一瞬の言動で突きつけた。空気は一変。全員の表情が引き締まる。ＪＡＬ再生の始まりだった。

ときどき稲盛さんは思いがけない問いを投げてきた。「今どっちの足から部屋に入ってきた？　右か、左か」。トップの振る舞いは全社員に観察されていることを意識しなさい——という忠告だ。「部下に見られてんで」。私も若い頃は上司のしぐさで機嫌を推し量ったものだ。上に立つと、それを忘れてしまう。

３年間、そんな稲盛さんを見続けた。「仏様のよう」と言う人は多いが、私にとっては閻魔（えんま）大王だった。どちらも大きな愛情を持つ稲盛さんの顔だったのだと思う。

「宇宙」と「そろばん」

元日本航空会長

大西 賢さん（67）

稲盛和夫さんとの思い出を語る元日本航空会長の大西賢さん
＝2022年11月7日、鹿児島市の南日本新聞社

稲盛和夫さんは、もともと日本航空（ＪＡＬ）が嫌いだったらしい。理由は「上から目線だから」。いつもライバル会社を利用していたという。大手航空会社２社のうち一つが倒れては、日本の空が独占になるからと、再建を引き受けた。

国策会社として始まったＪＡＬは、財務や競争の意識に乏しかった。事業構造と企業文化の変革は必須で、京セラからフィロソフィ（哲学）とアメーバ経営の専門スタッフを招いた。

稲盛さんの経営はこの二本柱。後に原発事故を起こした東京電力の再建を託され、断ったとの話を聞いた。もし、受けたとしても同じ二本柱で挑んだのではないだろうか。会社をつくってから50年以上、小さな失敗はあったにしろ、常に勝ち続けた経営者の信念だと思う。

ちょっとした場面のひと言で心構えをたたき込まれた。昼食を挟んだ会議中、唐突に「大西君、この弁当いくらや」と問われ、答えに詰まった。値段を知りたいのではなく採算意識を持てとの意味だったらしい。

細かい数字を指摘したと思えば、急に哲学的な話をする。その振り幅は大きく、宇宙とそろばんを行ったり来たりするようだった。誰に何と言えば効果的に伝わるか、常に考えていた。言葉は研ぎ澄まされ反論の余地がなかった。

一方で、航空業界は初めてだからと、安全対策や運航については私たちに任せ、国の圧力からの防波堤になってくれた。東日本大震災の際、ありったけの航空機を東北へ向けることができたのも、稲盛さんの存在が大きかった。

機内食の試食会だけは、あてにならなかった。どれほど工夫を凝らした料理を並べても、カレーしか選んでくれない。素食を好む稲盛さんらしいと言えるかもしれない。各職場の宴席もスルメなどの乾き物とビールで楽しんでいた。

なぜ私を社長に選んだかは、怖くて聞けないままだった。整備部門出身の私とは技術屋同士で現場好きという共通点があった。ＪＡＬの異端児だった私の相談に「ええやないか」とよく励ましてくれた。年の差もあって、父親のような存在だった。

信じる力でJAL再建

MTG会長
大田 嘉仁さん（68）

㊤

日本航空が再上場を果たし、記念写真に納まる稲盛さん（前列左）と
大田嘉仁さん（同右）ら＝2012年9月、東京（大田さん提供）

２００９年、稲盛和夫・京セラ会長の元に、日本航空（ＪＡＬ）再建の依頼が来た。しばらく断り続けたが、最終的に3年間、無報酬の約束で引き受けた。22歳若い私も「一緒に来てくれ」と声をかけられ、覚悟を決めた。会長就任発表の日、メッセージを代読したのは私。「先約が優先や」と、本人はハワイの盛和塾開塾式へ出かけていた。

特命秘書になった１９９１年当時、稲盛さんは第３次行革審の部会長だった。官僚や国会議員の抵抗を受ける姿を見ていたが、ＪＡＬでの苦労はその比ではなかった。社員らの反発は激しく、主に意識改革を担当した私も、大いに悩んだ。

稲盛さんは、ひるまなかった。会議は根回しせずに鋭い質問を飛ばし、自ら現場の社員に協力を求めて頭を下げ、コンパで共にビールを飲む。文字通りの無償の愛で、「ここまでやってくれるのか」と社員らの心をほぐしていった。

マスコミは「無報酬なのは責任感がないから」とたたいたが、とんでもない。稲盛さんは常に「ＪＡＬ会長」の矜持（きょうじ）を忘れなかった。京セラの出張でファーストクラスに乗る時も、ネクタイを緩めず背筋を伸ばして座った。少しは楽にしてほしかったが「世間からすれば俺はＪＡＬの人間や。そんな姿見せられるか」と拒まれた。

「俺の辞書に否定的な言葉はない」というのが口癖で、不安を口にした若い社員を「明るいこと、善きことを思えば、その通りになる」と励ましていた。誰もが難しいと考えていたＪＡＬ再建だったが、約束通り12年に再上場を果たせたのは、稲盛さんの前向きな強い意志と、信じる力が伝わったからだろう。

その歳末、伊丹空港で働く社員たちが、稲盛さんへ感謝を伝えるメッセージビデオを作ったと聞き、出張から伊丹に戻ってきたところを、半ば強引に社員たちの元へ連れて行った。家に直行するつもりだった稲盛さんはご機嫌斜めだったが、ビデオを見ながら声を上げて泣き出した。帰りの車中「今日は良かった」とつぶやく声が聞こえた。私も胸が熱くなった。

敬天愛人の精神を体現

ＭＴＧ会長
大田 嘉仁さん（68）
㊦

稲盛さんから贈られたペンを手に、思い出を語る大田嘉仁さん＝鹿児島市

稲盛和夫さんとは、不思議な縁で結ばれていたような気がする。私の出身地は鹿児島市薬師町。同じ町に生まれて、30年近く行動を共にしてきた。初めて親しく会話したのは、1991年に特命秘書になった時。薬師の出身と伝えると「おお、そうか」と笑顔で迎えられた。

稲盛さんには「俺と一心同体でいてくれ」と言われていた。当時は京セラ、KDDI、財団なども率いており、ものすごい仕事量だった。負担を減らすため、私が面会などの一部を引き受け、誰と何を話したか詳細に伝え合うのが日課になった。そのうち「おまえは俺のメモ代わりだから」と、夜や休日もわが家に電話が来るようになり、家族も稲盛さんの声を覚えてしまった。

優しい上司で、細部まで厳しく指導されたが、言葉は温かかった。よく「息子のようなもの」と紹介してくれた。いつも一緒にいて体格も似ていたせいか、実の親子と勘違いされたこともある。

まっすぐで明るく、決して悪口を言わないから、稲盛さんと話すと元気になれた。県人会では、いつも人の輪の中心で、楽しそうに笑っていた。愛きょうもたっぷり。たばこだけは何度も禁煙宣言しながら果たせず「どうせ俺は意志が弱いわ」と、あかんべえをしていたのを思い出す。

そんな稲盛さんが、気心の知れた人の前でしか披露しなかった歌が「串木野さのさ」。「朝日を拝む人あれど、夕日を拝む人は無い」との歌詞に、自分を重ねていたのではないか。大勢の社員を背負う経営者として、朝日のように勝ち続けることを己に課していたのだろう。そして、ただ勝つだけでなく、それが利己的でないか、正しいことか問い続ける姿は、まさに「敬天愛人」を体現していた。

折りに触れて「いつもありがとな、大田」とねぎらってくれた声が耳に残る。時にはネクタイや、あつらえたばかりの背広をぽんと手渡してくれたこともあった。今はその品々を見ながら「ありがとうございます」と感謝するばかりだ。

最後は「ふるさと」大合唱

元鹿児島県大阪事務所長
吉松　孝二さん（63）

歌に聴き入る稲盛さん（右）。左端が吉松孝二さん

鹿児島県庁に勤めていたころ、京セラとはいろいろな担当で付き合いがあり、創設者の稲盛和夫さんのことを知る機会も多かった。だが、さすがに直接お会いすることはなかった。

定年退職が迫った２０１９年、大阪事務所長に着任し、関西鹿児島県人会総連合会の総会に出席したとき、初めてお会いできた。所長は稲盛さんの隣が指定席。名刺交換したが、緊張のあまり何の話をすればよいかわからず、言葉がとっさに出なかった。

これまで聞いていた厳しい経営者のイメージなど全くなかった。私の緊張を察したのだろう。私が話のネタにと持っていた、稲盛さんの親族が経営する「鹿児島王将」のメンバーズカードを手に取り、優しいまなざしで「ありがとうね」と話し掛けてくださった。

それで緊張がほぐれ、ざっくばらんな話ができたのを記憶している。この会が稲盛さんが出席された最後の総会だった、と後に聞いた。

その後、各種県人会などでお会いする機会に恵まれた。「吉松さんだったね」と優しく声をかけてくださったり、「いっとタバコにいたっくっで」と話されたり。「何と飾らず、相手に気を遣わせない人か」と感じる場面は多かった。

ある会合で、出し物の歌謡ショーの一場面。女性歌手の童謡に聴き入り、近くのホテルマンに白い紙を求めた。ショーの最中、曲がヒット曲に変わった途端、紙切れに包んだご祝儀の枚数を減らした。それを見ていた私に、はにかんだ笑顔を見せた後、ご祝儀をその歌手に渡された。

童謡や唱歌が好きで、中でも「ふるさと」を愛したことは、県人会会員はみんなが知っている。県人会で最後に出席者全員で歌う曲目も「ふるさと」。稲盛さんへの敬意を感じる一場面だった。

「感性的に悩まず」胸に

人材派遣会社「清友」専務
赤見 美香さん（44）

塾長例会前の懇親会で稲盛さんと会話を楽しむ赤見美香さん
＝2016年10月（赤見さん提供）

母が創業した人材派遣会社「清友」（鹿児島市）に23歳で就職し、25歳で常務を任された。周りは自分よりも年上で経験豊富な同僚ばかり。うまく立ち回れない自分がもどかしく、派遣社員の無断欠勤などトラブル対応で「仕事に穴はあけられないが、急なオーダーにも対応しなければ」と追い詰められていった。

救いになったのが稲盛和夫さんの著書にある「感性的な悩みをしない」という心得。ミスを引きずり、人のせいにばかりしていた自分に気付き、深く反省はしても、悔やみ続けず、理性的に行動しようと誓った。

経営塾「盛和塾鹿児島」の門をたたいた２０１０年は、稲盛さんが日本航空（ＪＡＬ）再建に着手したころ。塾生が一丸となって塾長を応援しようと、各地で開かれる「塾長例会」にＪＡＬを利用して来ていたのが印象的だった。

同郷の若手ということもあり、すぐに名前を覚えてもらえた。初めて握手を交わした時の分厚く、ふわふわした感触が忘れられない。名刺はラミネート加工し常に持ち歩いている。少しでも稲盛さんのようになりたくて、機会を見計らっては「お隣よろしいでしょうか」と駆け寄った。

「会社の規模に関係なく経営者は大切な存在。しっかり雇用して利益を出して、納税することは立派なこと」。何げない会話の中でかけられた言葉がお守りになっている。

新型コロナウイルス感染拡大でイベントが軒並み中止になり、人材派遣業は大打撃を受けた。依頼はほとんどなく、キャンセルの電話が鳴り響く日が３カ月続いた時、浮かんだのが「稲盛さんだったらどうするか」。「従業員の幸せを一番に考えて」という言葉を思い出し、下を向いている暇はない、と奮い立った。

塾長のおかげで考え方が変わり、幸せになれた。会社をしっかり営み、従業員に幸せと感じてもらえるよう努力することが一番の恩返しだと思っている。

経営理念の大事さ学ぶ

進学塾ＭＵＧＥＮ社長

小牧　聖さん（58）

学んだ理念を教育に生かす小牧聖さん＝鹿児島市

稲盛さんの経営哲学は、いかに人（社員）が主体的に動くかがテーマだと感じる。人を育てるという意味で教育に通じている。もし今お目にかかって話ができるなら、稲盛さんの理想を教育界で実現しようとしていることを伝えたい。

自分で目標を立てる力、その目標へ頑張れる力を育てることが、教育には大切だと思っている。そんな姿勢を身に付けてもらおうと、創業２年目の２００９年に一斉指導でも個別指導でもない独自の「ＭＵＧＥＮメソッド」を提唱した。生徒は日々の学習をＰＤＣＡ（計画、実行、評価、改善）サイクルで記録する。

10年ほどたち、右肩上がりだった売り上げが初めて前年度を下回った。「経営の知識を学ぼう」と、稲盛アカデミーの門をたたいた。学んだのは経営のノウハウではなく経営者としての心の持ち方だった。

「理念を守れないくらいだったら会社をたため」という言葉が衝撃だった。それまでは経営理念を、単なるキャッチコピーのように捉えていた。

理念を再構築することにし、京セラのメソッドをヒントに「私たちは、全従業員とその家族の、物心両面の幸福を追求する」の文言を加えた。新しい理念のおかげで「みんなの幸せはみんなで守ろう」と会社が一枚岩になれたと思う。コロナ下で売り上げを伸ばすことにつながった。

18年に盛和塾鹿児島(現・鹿児島盛経塾)へ入塾した。稲盛さんに直接お会いすることはかなわなかったが、教えを学ぶにつれ、これまでやってきたことが間違っていなかったと自信になっている。

経営者としてだけでなく、教育者として多くを学んだ。稲盛さんと接した人は、楽しんで仕事をしていた。子どもたちも自ら学ぶ楽しさを身に付けてくれるよう、手伝えたらうれしい。

親族集め感謝の「稲盛会」

はとこ夫妻
稲盛 勝也さん（80）
たづ子さん（81）

「稲盛会」で披露する相撲取り節のため手作りした化粧まわしを持つ稲盛勝也さん、たづ子さん夫妻＝鹿児島市小山田町

勝也さん　10歳上の稲盛和夫さんは〝はとこ〟に当たる。和夫さんの祖父・七郎さんが私の祖父・市郎の弟。和夫さん一家は空襲で焼け出され、終戦前後は鹿児島市小山田町のわが家で暮らした。

当時10代前半だった和夫さんは、隣の小屋で家族と寝起きしていた。両親の畩市さん、キミさんの他に子どもも多く、窮屈だったのだろう。七郎さんは裏の崖にあった小さなトンネルの中で寝ていた。食糧事情が悪く、キミさんが着物を売り、米や食料に換えてきてくれた。両家で何でも分け合い、助け合ったそうだ。

この頃の和夫さんは、相当なやんちゃ坊。乗って遊ぶ「カットイ車」を手作りして、近くの坂道で友だちと競走していた。親が呼んでもなかなか帰ってこなかったと聞いている。

その和夫さんが大きな会社をつくり、有名な経営者になった。「小山田からこげな立派な人が出た」というのが私たちの誇りだ。

たづ子さん　１９８７(昭和62)年、小山田の家がもらい火事で焼けた時、既に社長になっていた和夫さんが、わざわざ見舞いに来てくれた。家までの山道は大きな車から降りて、歩いて上って来たと聞いた。

キミさんと畩市さんは、よくわが家へ遊びに来た。今も庭に祭っている古い石像に手を合わせて「和夫のひらめきは、このおかげかもしれん」と話していた。

勝也さん　平成の初めごろ、畩市さん、和夫さんと会ったときのこと。畩市さんが「和夫は1人でここまでこられたわけやない。親戚みんなに世話になったことを忘れたらいかん」と言った。和夫さんはその場で「よし分かった」と、親族の集まりを開くと約束した。

たづ子さん　それが92年ごろから10年続いた親族懇親会「稲盛会」。初回は城山観光ホテル（当時）に18人が招待された。足の弱ったしゅうとめを、和夫さんがひょいと抱き上げて椅子に座らせたので、何と優しい人かと思った。2回目からはホテル京セラが会場だった。次第に参加者が増え、最後は全国から100人以上が集まった。交流も余興の準備も楽しかった。相撲取り節のため手作りした化粧まわしは大切にとってある。

勝也さん　「小山田獅子踊り」を披露した時は、和夫さんも笑顔で舞台に上がってきた。稲盛会は私たち親族の大切な思い出だ。

愛し続けた郷土の味

南海食品会長

渕本 逸雄さん（78）

母校の前で記念撮影する渕本逸雄さん（左）と稲盛さん
＝2014年10月、鹿児島市の鹿児島玉龍高校

母校・鹿児島玉龍高校の同窓会長を10年間務めた。大先輩に稲盛和夫さんがいる。稲盛さんは１９５１(昭和26)年卒業で、私は64年。年齢は離れているが、濃密な時間を共にして、多くの思い出をいただいた。

初対面は２０１１年の関西鹿児島県人会総連合会。同窓会長になったばかりの私を笑顔で迎えてくれた。その後も稲盛さんが帰省するたび、城山観光ホテル(当時)での朝食会に誘ってもらい、ビジネスから人生哲学まで、多くのことを教わった。

稲盛さんは何にでも好奇心旺盛で、私に「さつま揚げは、なんでつけ揚げと呼ぶのだろう」と尋ねられたことがある。魚のすり身を油で揚げた琉球の料理「チキアーギ」が島津斉彬公のころに薩摩へ伝わり、なまって「つけ揚げ」と呼ばれた―。稲盛さんは何度もうなずきながら聞いていた。

交流が深まり、さつま揚げを何度も京都へ送った。私の会社の製品は、県外客向けに甘さを控えている。奥さんと娘さんたちには好評だったが、当の稲盛さんには、少々物足りなかったのではないかと思っている。

稲盛さんは生涯、鹿児島の味を愛していた。奥さんから「うちは、みそもしょうゆも鹿児島のもの」と聞いたことがある。京女の奥さんが鹿児島の田舎みそと甘いしょうゆを何十年も使い続けたのかと、夫婦愛に感じ入った。

稲盛さんとの最大の思い出は、14年に玉龍高で開いた講演会だ。「グラウンド整備のため重い石や土を運ばされてばかりで、いい思い出がない」とぼやいていた稲盛さんだが、後輩のためならと引き受けてくれた。当日は、私を指して「つっきゃげ(つけ揚げ)をもらったから断れんかった」と笑いを取りつつも「思いは必ず実現できる。信じて努力してほしい」と、熱を込めて語る姿が目に焼き付いている。

忘れられない言葉がもう一つある。鹿児島湾と桜島を眺めて「この景色は、絶対に守らんないかん」と言った。世界を飛び回りながら、故郷の風景を思い出すこともあったのだろうか。

哲学で成長
会社も人も

松栄軒社長

松山　幸右さん（49）

盛和塾世界大会で経営体験を発表し、稲盛さんから賞状を受け取る松山幸右さん＝2017年7月、横浜市（松山さん提供）

稲盛和夫さんとの出会いがなければ、会社をつぶしていただろう。出水市にUターンして駅弁屋を手伝い始めた2004年ごろは経営状態がよくなかった。銀行の担当者から「どんな状況か分かって帰ってきたのか」と言われるほどだ。見返そうと必死で危機を脱したが、当時は売り上げしか頭になく、社員にきつく当たることもあった。

取引がある熊本市の弁当メーカーの会長に紹介されて盛和塾に参加した。何のために事業をするのかという理念が大事で、それを数字にしたものが経営計画だという教えは反骨心だけで経営してきた自分には衝撃だった。社員を物心両面で支え客に喜んでもらうという利他の心も学んだ。

京セラのフィロソフィ(哲学)をもとに松栄軒フィロソフィをつくり、毎朝社員の前で話し始めた。初めはうまく話せなかったが、8年、9年と続けるうちに稲盛さんの考えが自分にすり込まれ数字もついてきた。会社だけでなく人として成長させてもらった。

稲盛さんとは3度お会いした。最も印象深いのは2017年の盛和塾世界大会。稲盛哲学とともに成長してきた経営体験を発表した。前夜、同じテーブルで食事したとき、「長く勤められない外国人研修生にフィロソフィを伝えるのに苦労している」と話すと、稲盛さんは「難しい問題やな」と言って考え込んだ。「うーん」となって数分後に「分からん」と。答えはもらえなかったが、真剣に考えてくれたことに感激した。

翌日の発表は最前列で聞いてもらい、舞台で賞状と記念品を渡された。当時の写真の和やかな表情の稲盛さんと笑顔の自分を見ると、本当にうれしかったことを思い出す。

新型コロナウイルスの流行で売り上げが半減したが、「常に創意工夫を」「経費は最小に」という教えに導かれて取引先を開拓し、駅弁屋から食品メーカーへと生き残りを図った。一緒にフィロソフィを勉強している社員も同じ方向を向いてくれた。今期はコロナ前を超えるほど業績が回復している。稲盛さんのおかげだ。

京都賞講演
母校で実現

鹿児島大学名誉教授
野﨑 勉さん（82）

京都賞受賞者講演会の際の稲盛さん（右）と野﨑勉さん
＝1999年、鹿児島市の鹿児島大学稲盛会館

鹿児島大工学部が前身の鹿児島県立工業専門学校を含め創立50周年を迎えた１９９５年のある日、稲盛和夫さんと初めてお会いした。当時私は記念事業期成会の事務局長で、大学として稲盛さんからの寄付を正式に受けた日の夕食会でのことだった。私は少し早めに会場に到着。間もなくして稲盛さんもお見えになった。

出席者が集まるまで座敷の一角で会話した。研究で一定の成果にたどり着くには人よりも時間をかけ失敗を重ねるしかないと話すと、「企業も同じ」と励まされた。その一言で、愚直に物事に取り組めば成功につながると確信した。話は健康にも及んだ。いきなり「ポリープは自然にちぎれて出ていく。先日赤いものが出たから」と話され、豪快な方だと驚いた。

その後98年に学生部長となり、当時の学長らと稲盛さんに面会。鹿児島大となって50周年を迎える99年の記念事業として要望をいくつか伝えた。

その一つで実現したのが京都賞受賞者の鹿大での講演会だ。京都賞は、科学や芸術といった分野の発展に貢献した人へ稲盛財団が贈る国際賞。受賞者の講演会はそれまで鹿大で実施されたことがなかった。

県外大学の依頼は断っていたが「母校だからぜひ実現したい」と応じていただき、強い郷土愛を感じた。鹿大稲盛会館で開かれた講演会は研究者らの刺激になり、世間にもインパクトを与えたはずだ。

その後私は定年を待たず海外に渡り、地球環境活動を始めた。現在は内モンゴル自治区で、砂漠化した土地での植樹に取り組む。大学には迷惑をかけたが、大なり小なり何か行動を起こすには勇気が必要だ。「世のため、人のため」に。そう教えてくださったのが稲盛さんだったと思う。

母校へ会館 熱意に感銘

建築家
安藤 忠雄さん(81)

安藤忠雄さん(左)が設計した鹿児島大学稲盛会館の開館記念式典で、
記者会見する稲盛さん＝1994年11月

稲盛さんと初めてお会いしたのは１９８８年、鳴門海峡でマダイ釣りに誘われた時だった。メンバーは経済界の重鎮ばかり。釣果は入れ食いで、全員子供のように興奮されていたのを覚えている。

この後、稲盛さんから「中之島の卵を譲ってほしい」と申し出を受けた。その少し前、大阪・中之島の中央公会堂の再生計画を提案していた。外観を残して内部に卵形のホールを埋め込む案だったが、実現はかなわなかった。稲盛さんはそのアイデアを気に入って、母校の鹿児島大学に寄贈する「稲盛会館」に採用してほしいと言われた。「ここから新しい時代を切り開く人材が巣立ってほしい」という思いにも、卵形のホールがぴったりだ、と。

プロジェクトがスタートすると、稲盛さんは決して妥協せず、図面のチェックも厳しかった。「ひびの入った卵は受け取らないよ」「１００年残るよう気合を入れてつくれ」と、常に高い精度を要求された。世界に通用するものをという思いがひしひしと伝わった。94年に完成。熱意に感銘を受けて、設計料の半分は大学に寄付させてもらった。

２００２年には、幸運にも稲盛さんが創設した京都賞を受賞した。「人類の未来は、科学の発展と精神的深化のバランスがとれて初めて安定したものになる」という稲盛さんの理念に基づいた著名な賞で、一報を受けた際はただ驚くばかりだった。

１９８６年には彫刻家イサム・ノグチ氏、90年には友人でもある建築家レンゾ・ピアノ氏が受賞したこともあり、強い関心を抱いていた。だが、自分のような者が受賞していいのかと不安もあった。稲盛さんに伝えると、「あなたは全ての仕事に誇りをかけて取り組み、全力で走り続けている。受賞は当然だ」と言ってくれた。恥じない仕事をしなければと、より責任感と覚悟が芽生えた。それが今も私の原動力になっている。

亡くなられたのは衝撃で、喪失感も大きい。まず感じたのは、日本もこれから寂しくなるなという思いだった。心も体も大きく、仕事には大変厳しいが、実は細やかで愛情深い人だった。常に地球全体を視野に入れ、責任感を持って発信を続けた。その理念は多くの人に影響を与え、次の世代へと引き継がれるだろう。今は、ゆっくりお休みくださいと声をおかけしたい。

第3章　天は見ている

城山観光（鹿児島市）元副会長で、盛和塾鹿児島の創設に尽力した上原昌徳さんに2023年、稲盛和夫さんとの約50年に及ぶ親交の中で、特に印象に残っているエピソードや教えについて話を伺った。

天は見ている──。

この考え方が「稲盛和夫」をつくったと私は思っている。私心がなく利他の心で、確固たる信念を持って何事にも決断し行動できる。よく「経営の神様」と言われる。しかし、「神」だけでなく、「心」「真」「深」「信」「進」「慎」など、たくさんの「シン」を併せ持つ、人間味のある方だった。

半世紀前の初対面からなぜかウマが合い、2人になれば「オイ(俺)が、オマイ(お前)が」という関係だったが、周囲には私を「鹿児島の秘書役」と紹介されていた。うれしく、誇りに思う。

鹿児島での講演の仲介をよく頼まれた。人前で話をするのは慣れているだろうと、気楽にお願いしていたが、ご本人は講演の2、3日前になると、夜は眠られないほど悩むという。「どんな人が集まるのか。どんなことに悩んでいるのか。どんな考えをどう話せば分かってもらえるか。考えると、もう眠られなくなる」。講演一つにも、真剣に純粋に向き合っていた。そう感じておられたことは、別のインタビューで知った。

鹿児島大学での恩師である島田欣二先生（前列左）、竹下寿雄先生（同中央）との１枚。稲盛さんはずっと２人への恩を忘れなかった。後列が上原昌德さん

かつて稲盛さんからいただいた言葉がある。魂の込もったその言葉が忘れられない。私は城山観光に長年勤め、ナンバー２として、黒子として、創業者の保直次（１９１６年―２０１２年）を支えた。その決心と覚悟は、この稲盛さんの言葉がきっかけだった。

当時の城山観光はホテル経営などが順調で、大きく成長しつつあったが、個人商店的な部分が色濃く残っていた。公私混同など同族経営の悪い面が噴出し、「身内をとるか、事業をとるか」という決断を迫られた。義父であり社長だった保は「事業をと

る」と決断した。社長側近として経営に携わっていた私も断腸の思いだった。「身内なのに冷たい」という批判も聞こえてきた。社内には簡単に相談できる人もいない。そういう苦しみを稲盛さんに打ち明けた。

かなり長い時間、私が一方的に話したと思う。稲盛さんは相づちを打ちながら、真剣に耳を傾けてくれた。だが、答えは単純明解。「事業に決まっているじゃないか。会社は私物ではない。私心なく君の信じることをやったのなら、それでいい」との励ましだった。短い言葉だったが、心のもやもやが晴れた。

夢を追う

初めて会ったのは1973年。保から前もって人物像を聞いていた。「柔らかいんだけれども、秘めた強さを感じる。何か違う人だ」。稲盛さんは既に日本を代表する若手経営者として有名で、とにかく緊張したことを覚えている。

保は徳之島の出身。空襲で焼けてしまった鹿児島市天文館の一角で、かき氷屋からスタートし一代で城山観光を育てた。当時、城山観光は63年に開業したホテルを拡張し、新館建設に着手していた。もともと観覧車などのあった公園を閉鎖し、ブーム全盛だったボウリング場を建設する予定だったが、着工後に「何か胸騒ぎがする」と思った保は、急きょホテル事業に変更した。このひらめきは社運をかけた大事業になった。

城山は島津家の居城の一部で、眼前に鹿児島湾と桜島を望み、西郷隆盛終焉の地となった。市街地近くなのに自然林が残り、県民、市民にとって特別な場所だ。そこに高層ホテルを造るという事業は世論の激しい反対にさらされた。私は「事業を何とか成功させろ」という命を受け、勤務していた福岡から呼び戻され、反対する人々の対応に奔走した。

保は数年かけて世論を説き伏せ、新館の完成にこぎつけた。現在の城山ホテル鹿児島の原型だ。保には「城山は市民から預かった場所だ。開発ではなく、守るという意識を持て」「これから鹿児島が国際観光都市になるには迎賓館、床の間が必要になる。これは地域貢献だ」という強い理念があった。高まいな理念があったからこそ、私は世論を説得できた。保は後に「反対があったおかげで、胸を張れる立派なホテルになった」とも言っていた。

今になって思えば、稲盛さんと保には似たような雰囲気があった。「夢を見て、夢を追い、夢を喰う」。これは保がよく言っていた言葉だが、稲盛さんも同じだった。時には途方もない夢を語る。その夢を見続け、実現するための壁にぶつかった時には「何くそ」と立ち向かう「闘魂」を秘めていた。逆境をバネにする力だ。すぐれた創業者に共通するものなのかもしれない。

闘魂といえば、稲盛さんはボクシングが大好きだった。大事な会食やイベントなどが見たい試合と重なったときは、テレビ観戦のための部屋を用意した。こっそり中座して身ぶり手ぶりで体を動かしながら、声を出して応援する。その熱中ぶりは日頃の姿からは想像できない。そういう激しさもあった。

「世界を見よ」

稲盛さんは1980年、南日本文化賞の特別賞を受賞した。戦後間もない50年、郷土の産業、経済、文化などの向上に寄与した人々を顕彰しようと、南日本新聞社が創設した。受賞者には画家の海老原喜之助、柔道家の吉松義彦、作家の椋鳩十、島尾敏雄らが名を連ねる由緒ある賞だ。

この贈賞式で受賞者を紹介するスピーチをしてほしいと頼まれ、ほとほと困り果てた。私はまだ40歳を超えたばかりの若輩。「ほかにも立派な方がいるでしょう。とんでもない」と断った。だが、「君でなければならない」といって譲らない。

贈賞式を伝える翌日の南日本新聞に私のスピーチの要約が掲載されている。「稲盛さんは世界的に活躍し、世界共通の製品のなかに人間性そのものがあります。また鹿児島の100年の大計は青少年にありと、人間育成をしておられます」（80年11月2日付）。ものすごく緊張したが、何とか大役を果たした。

なぜ私を指名したのか。理由を説明してくれたのは表彰式の後だった。「鹿児島の人は鹿児島に閉じこもりがちだ。私は京都という鹿児島とは風土も人もまったく違う土地に出た。そこで、世界を見て、厳しい環境で人間を磨いた。君たちのような若い人は鹿児島にとどまらず、世界に目を向けなければならない。私を踏み台にしなさい」。そして聞いたのが、人材はマツタケのように群生するという〝マツタケ群生論〟だ。近代日本をつくった鹿児島の先人たちを

大好きな釣り。鹿児島に帰ると塾生や友人らと鹿児島湾で釣りに興じた。この笑顔に人は引き込まれる

例に挙げてこう話した。

「鹿児島市加治屋町は幕末のある時期、西郷隆盛、大久保利通、東郷平八郎、大山巌、山本権兵衛といった人材を輩出した。１人だけが抜きんでるわけではなく、お互いが刺激しあい大きな渦になっていく。森の一角にマツタケが群生しているように、人材もそうなんだ」。そう考えると、薩摩伝統の郷中教育みたいな仕組みが、全国各地にできた盛和塾の原型ではないだろうか。

稲盛さんは国際的な経済人として活躍し、後輩たちを「視野を広げ、世界を見なさい」と励ました。でも、鹿児島が嫌いだったわけではない。歴史や風土、鹿児島で学んだことが稲盛さんの原点であり、最も大きな心の支えだった。晩年まで何か郷土の役に立ちたいと思い、郷土の将来に関心を持ち続けた。ホテルの居室から鹿児島市の街並みと桜島を眺めながら「こんなに海が近いのに、うまく生かせていないなあ。もったいない。何かいいアイデアはないのか」とつぶやいていた。

人材の渦

盛和塾は1983年に京都で発足し、全国はもちろん米国や中国、ブラジルなど世界に広がった。2019年の解散時には国内56、海外48の塾で計約1万5千人が学ぶまでに広がった。特に中国は北京や上海など37塾で計約7千人が勉強会を続けている。マツタケならぬ人材の群生が、世界の各地にできた。

盛和塾の設立当時、私は2人で語り合った。稲盛さんの言葉が心にしみた。

塾生の経営するホテルでの語らい。料理そっちのけで、真剣にやりとりする稲盛さん

一言一句と言っても大げさではないほどはっきりと覚えている。「日本の経済は中小企業が支えている。中小企業の経営者は偉いと思う。1人でも生きていくのは大変なのに、事業を通して従業員そして家族を養うために自分の時間も考えられないほど、社業に打ち込んで努力している。私はそういう経営者の悩みを解決してあげたい。そして、中小企業の経営者が人間として正しい考え方を模索し、従業員と家族を幸せにし、社業を伸ばしていくならば、地域は発展し、ひいては住みやすく、素晴らしい強固な日本になると思う」。塾を何のためにつくるのか。なぜ、稲盛さんが多くの時間を盛和塾に割いたのか。強い思いが伝わってくる。

あるラーメン店でのやりとりに感激したことがある。店主の息子が京セラの従業員だと分かり、もう一度そのラーメン店に足を運んだ時のことだ。稲盛さんはしっかり息子の様子を頭に入れていて「息子さんはしっかりやってくれていますよ。ありがとう」と店主に声を掛けた。店主は涙ながらに何度も頭を下げていた。

店を出て感心していると、稲盛さんは「従業員は家族の協力や支えがあってこそ頑張れる。従業員の家族まで幸せでなくては企業はよくならない。覚えておきなさい」と言われた。経営者が企業の発展、従業員の幸せを考えるのは当然かもしれない。稲盛さんはさらにその先にある従業員の家族や地域のこと、日本経済まで見据えていた。そういう経営哲学や人生観を学び、実践する場が盛和塾だった。

盛和塾鹿児島は１９９０年に発足した。最初のメンバーは20人。毎月１回の例会を基本に約30年の歴史を重ねた。それ以前に「稲穂会」という場があったが、どちらかというと一緒に焼酎を飲むのが主な目的だったので解散した。盛和塾の経営問答は真剣勝負だった。発表に対するコメントや意見はいつも辛口。でも、その後のフォローは人が変わったように優しい。

厳しいのに優しい、きちょうめんなのにざっくばらん、話好きなのに聞き上手、よく笑いよく泣く。悲しくて泣くのではなくて、うれしくて泣くんだ。人の話を聴きながら「それは苦労したね。うまくいってよかったなあ」と自分のことのように喜び、あの細い目にじんわりと涙がにじんでくる。

純粋でやる気のある人物を非常に大切にした。熱量のある人に会うと、塾長も乗ってくる。期待している人ほどぼろくそに言うが、そこに飛び込めば、またやりとりが弾む。だから、みんな話をしたくなり、周囲に自然と人が集まる。

料理の味付けに例えて「甘さを感じるには砂糖ばかり増やしてもダメだろう。少しの塩が隠し味に入ってこそ、甘さが分かる。それと同じだ」と話していた。どうやれば思いが人に伝わるか、人を育てるにはどんな言葉が大切なのかにも気を配り、考えていた。人を愛し、心の広さが際立っていた。

西郷の教え、母の教え

京セラの本社、稲盛さんの執務室には西郷隆盛の「敬天愛人」の書がある。稲盛さんが最も大切にした言葉で社是でもある。「天は公平に人を照らす。誰にも陰日なたはあるし、

何事にも好奇心とチャレンジ精神にあふれていた。懇親会場にあったバイオリンを手にして演奏に挑戦

弱みもあるが、天はそのすべてを分かっている。だから、天に恥ずかしくないよう何事にも純粋に真剣に取り組まなければならない」と話していた。

西郷の言葉をまとめた「南洲翁遺訓」をいつもそばに置いていた。経営者とはどうあるべきか、自らのフィロソフィ（哲学）とは何か、を教えるときも「西郷の思想、哲学」をよく引き合いに出した。ものすごく単純にいえば、人として持つべき基本的な倫理感だろう。郷中教育の「負けるな」「うそを言うな」「弱い者いじめをするな」という教えにも通じる。

もう一人、大きな影響を与えた人は母親のキミさんだと思う。稲盛さんと親しくするうちに何度もお会いし、私まで息子のようにかわいがってくれた。厳しくも、面倒見のいい方で、「神さあは見ちょいやんでなあ。よかこつしやんせよ（神様は見ている。正しいことをしなさい）」と言われた。稲盛さんも繰り返しそう言われて育ったのだろう。

キミさんのつくるばらずし（まぜご飯）が好物だった。京都の財界人を鹿児島に招き、私どものホテルに宿泊したとき、「おふくろのばらずしと煮物を食べさせたい。調理長は嫌がるかもしれないが、何とかならないか」と相談された。お母さんではなく妹さんたちがホテルの厨房に入り、稲盛家の味を再現した。「うまいだろ」と自慢げに喜ぶ笑顔が忘れられない。

小さなころは泣き虫の甘えん坊で、お母さんのそばを離れないお母さん子だったそうだ。けんかで負けて帰ると「あなたは正しいことをしたのか。正しいと思うなら、やり返してきなさい」と怒られたという。快活で負けん気の強いキミさんと対照的に、印刷工だった父の畩市さんは職人かたぎで無口、きちょうめん。よく「親父とおふくろのいいところをもらった」と笑っていた。

当初は会社の幹部を鹿児島市の実家に泊め、キミさんが身の回りの世話をしていたこともあった。「和夫を頼んもんで（頼みますよ）」と頭を下げていたという。会社の人たちの様子を見ると、息子が真面目にやっていると安心できたそうで、「何よっか元気薬ごわした」と目を細めていた。

稲盛さんが鹿児島に帰り、私と天文館で飲んで帰ると、キミさんはたいてい起きて待っていた。「和夫は甘えもんじゃっで。鹿児島に帰ってきた時ぐらいしっかりせんと」と手厳しい。稲盛さんも「相談ごとがあって遅くなったことにしよう」とバツが悪そうにしていた。

学生時代は友人に誘われパチンコを楽しんでいたこともあるらしく、昔は私と2人になり空き時間があると「ちょっといいか」と天文館のパチンコ店に入っていた。しばらくするとニコニコしながら「勝ったど。勝ったど」と両手に景品を抱えてうれしそうに現れる。同席の人たちにチョコレートやクッキーを配っては喜んでいた。キミさんにとっても唯一の息抜きだったと聞いたことがある。このささやかな趣味も受け継いだのかもしれない。

２人でキミさんの思い出を話している時、民謡「串木野さのさ」を歌い出したことがある。「落ちぶれて　袖に涙のかかるとき　人の心の　奥ぞ知る　朝日を拝む人あれど　夕日を拝む人はない　サノサ」。哀愁を帯びた曲調と詞だが、独特の渋い声でしみじみと口ずさむうちに、うっすらと涙がにじんでいた。何か胸に迫るものがあったのだろうと思う。

よく唱歌「ふるさと」を好んでいたのは多くの方がご存じだろう。京都で苦しい時、川辺に座って「うさぎ追いしかの山、こぶな釣りしかの川…」と歌うと勇気づけられたと言っていた。

故郷を離れ京都で苦労した稲盛さんを、長く支えたのは妻の朝子さんだ。それを、キミさんはよく分かっていた。いつも優しい表情でニコニコしながら、周囲のやり取りを静かに聞いているような方だったが、芯の強さがあった。

確か１９８３年だったと思う。声をかけていただき稲盛家の集まりに夫婦で参加した。歌や踊りが披露され、最後には数十人が輪になって踊るような楽しい集まりだった。

そんなにぎやかな場でキミさんがこう言った。「和夫がここまでこられたのは、こん(この)人のおかげ。まこち(まことに)心のきれな人ごわんさあ」と。「こん人」とは隣に座っていた朝子さん。

息子の成功は、朝子さんあってこそだということをキミさんは理解し、感謝していた。この上ない褒め言葉だと思う。稲盛和夫を育てた家族の温かさを感じ、胸が熱くなった。

ある時は柔和な笑顔で励まされ、ある時は真剣なまなざしで話を聴いてもらい、ある時は烈火のごとく諭された。「利他の心」に代表される哲学と、人間味あふれるふれ合いは心にきちんと刻まれている。私の人師であり、後生に伝えていきたい。

稲盛和夫さん、ありがとうございました。

上原昌徳氏(うえはら・まさのり)
1939年、鹿児島県鹿屋市吾平生まれ。71年に城山観光に入社、専務などを経て、2000年まで副会長。官民で設立された鹿児島産業貿易株式会社で代表取締役を務めた。

第4章　思い出を胸に
——稲盛和夫さんを悼む

2022（令和4）年8月24日に90歳で亡くなった稲盛和夫さん。京セラ創業前から稲盛さんと苦楽を共にし、社長、会長を歴任した伊藤謙介さんが、稲盛さんとの思い出をたどり執筆した京都新聞への寄稿文を紹介する。

経営者の涙

京セラ名誉会長稲盛和夫の逝去に心より哀悼の意をささげたい。

このたび京都新聞から稲盛との思い出を寄稿してほしいと要請をいただいた。長年にわたり稲盛から指南を受けてきた自らの使命として、お引き受けした。

70年近く指導いただいた。長いようで短かった。凝縮した結晶のような年月だった。叱られたこと、褒められたこと、いろいろとあった。心のひだの奥深いところに潜み、しかし今も鮮やかに輝いている、一つの出来事から書き始めたい。

あれは確か、京セラ創業(1959年)から3年ほどたった頃。社員28名で始めた会社は、50名ぐらいに成長していた。当時はまだ30歳の稲盛が十数名の幹部を招集し、慰労コンパを開催した。「ご苦労さま。みんなよく頑張ってくれている」と、ねぎらいのあいさつから会は始まった。

テーブル狭しと並んだ豪華な中華料理に舌鼓を打ち、酒を酌み交わし、「京都一、日本一、世界一の会社を目指そう」と、若いエネルギーが爆発した。稲盛もずいぶん飲んでいた。会が終わった後も２～３人の幹部に声をかけ、近くのクラブで２次会が始まった。店にはわれわれだけ。瀟洒（しょうしゃ）なクラブが熱く燃えた。

ひとしきり心が奮い立つような会話がはずみ、一瞬途絶えた時のこと。稲盛が静かに語り始めた。

「……こんなことをしてしまった。……大変なことをしてしまった……責任を負うことになってしまった……もう後に引けない……」

魂から絞り出したかのような〝うめき〟であり、聞き取れたのは隣に座る私だけだった。思わず、稲盛の顔に目をやった。

薄暗い室内ではあったが、稲盛の頬に一筋の光るものが確かにあった。その時私は、経営者としての責任の重み、とりわけ従業員の生涯にわたる雇用への責任、企業の社会的責任を果たすべく、敢然と挑もうとする、若き経営者の決意と覚悟を見た思いがした。

この年の春、稲盛は若い社員たちから待遇改善を求める「反乱」を受けていた。三日三晩、自宅にまで連れ帰り、稲盛は彼らと徹底的に話し合った。この時、企業経営の目的が、従業員の物心両面の幸福の追求と社会の進歩発展への貢献にあることを稲盛は理解し、以後、生涯にわたり貫き通した。

このことを、自らの信念とし実践していくことは容易ではない。しかし真の経営者を目指すならば、血がほとばしるほど、魂に深く刻み込んでいかなければならない。私が垣間見た稲盛の涙は、その決意の瞬間であった。

今まで、さまざまな仕事に携わってきた。重大な局面であればあるほど、深く悩めば悩むほど、私はこの一瞬を思い出し、仕事の壁に挑んできたように思う。

経営者の魂

京セラを創業した稲盛和夫は、京セラの社内会議や研修会、またコンパなどで、経営の数字よりも、人間としての生き方や考え方、つまり一個の人間として、いかに生き、いかに考えるかということに多くの時間を費やした。

例えば、会議で人間としていかがなものかという、ネガティブな発言があれば、発表者の心理状況はおろか精神状態にまで踏み込み、どういう心の持ち方をして生きていかなければ立派な経営ができないか、１時間でも２時間でも諄々（じゅんじゅん）と説いた。発言者の言葉が明るく前向きになり、生きる姿勢が上向きになるまで、徹底して話し続けた。

従って会議は大幅に遅れ、深夜まで延々と続いた。途中、夜の８時ごろを過ぎれば、近くの食堂から素うどんを取り寄せ、全員で食べてから、さらに会議は続いた。そんな場を通じて、稲盛の考え方が京セラの社員一人一人の心底に届き、組織風土として定着した。

このことを稲盛は「フィロソフィの共有」、または「魂の転移」と呼んだ。相手にわかってもらおうと必死に語ると、自分の顔は次第に青ざめていくが、聞く側は顔が紅潮してくる。「語る」とはそういうことだ、自分の魂を相手に移すくらいでなければ伝わらないと、稲盛はよく話したものだ。

稲盛は魂の存在を信じ、自らの魂を磨くことが人生の目的であると考えていた。仕事に打ち込むことは厳しい修行にも似て、魂を磨くための格好の行為であるとも考え、現世で仕事に精励することを求めた。また、輪廻（りんね）転生を信じ、死とは魂の新たな旅立ちであるとも考えていた。そのため、稲盛が仏門に入った時、私は少しも奇異に感じられなかった。

私事で恐縮だが、京セラの社長に就任して間もない頃のことをお話ししたい。

1989年4月のある日、午前5時ごろのこと、私は自宅で心筋梗塞のために倒れ、病院に緊急搬送された。すぐに手術が始まった。

どのくらいの時間が経過したか、私は桃源郷のごとき世界にいた――春爛漫（らんまん）、真っすぐと続く一筋の道を数人の仲間と歩んでいる。道の両側には満開の桜並木が続き、小鳥のさえずりが優しくこだましている。まさに陶酔（エクスタシー）の世界を彷徨（さまよ）っていた―。

その時、医者の「あー。心臓が止まった！」という緊迫の声が響き、同時に強烈な電気ショックを胸に受けた。

不思議なことに、この時慌てふためく医者や看護師たちの姿、また手術台のそばに並ぶ数台の医療機器に映る心臓波形まで、私は目隠しをされているにもかかわらず、はっきりと確認できた。また、その視点はベッドで横になっている自分のものではなく、上方から手術室を俯瞰（ふかん）するかのようであった。

数日後、稲盛が私を見舞ってくれた。幽体離脱のような体験を話したところ、稲盛は病室の天井を指さし、「手術室のあそこから、おまえの魂が見ていたんだ」と話した。その言葉は確信に満ち、目は笑っていなかった。

この世で磨かれた魂が、肉体を失っても、来世で生き続けると考えていた稲盛は、死を一切恐れていなかった。今も、来世で魂を磨き続けているに違いない。

経営者の愛

先日、「稲盛の靴音が聞こえるだけで震えた」と京セラ幹部が語っていたという記事を目にした。決してそのようなことはない。恐らくその幹部に会社の理念に反したり、人間として誤った言動があったりしたに違いない。稲盛が厳しく接したとしても当然である。巷間（こうかん）、稲盛の峻厳（しゅんげん）冷徹な面だけが強調して語られる節がある。しかし稲盛の本質は、他者への思いやりに満ちた「やさしさ」であり、その相反する資質が矛盾することなく、一個の人格の中で機能していたように思う。

稲盛の「やさしさ」について述べたい。

創業間もない頃、稲盛はどんなに忙しくても、現場に足を運んだ。滋賀県に生産拠点をつくった後も変わることはなかった。足しげく工場に通い、現場の隅々まで訪ね歩き、懸命に働く社員たちをねぎらった。一人一人に声をかけ、握手を交わし、肩をたたいて励ます。稲盛の激励を受けた社員の頬が一気に紅潮し、やる気がみなぎっていったことを思い出す。

稲盛は創業後10年ほど、全ての部署の忘年会に出席していた。職場ごとに数十人程度の社員が稲盛を囲む。歓談の時間ともなれば、稲盛はすぐさまビール瓶を片手に席を立つ。一人一人の社員の前に移動し、「○○君、ご苦労さま。よく頑張ってくれています」と声をかけ、ビールをつぐ。そんな時、稲盛はいつも正座であった。真っすぐな稲盛の思いが伝わり、いやが応でも士気は高まった。

社員からの返杯も必ず受けていた。出席者全員と杯を交わした結果、稲盛はいつも酩酊した。だが翌日も変わらず勤務し、体調が悪かろうが、連日開催される忘年会の全てに出席した。そして正座し、一人一人の社員の苦労をねぎらい、謝意を示すことを忘れなかった。

社員への愛情がなせる行動であった。この稲盛のあふれるような「やさしさ」が、創立間もない会社の中に息づき、化学変化を起こしていった。社員への限りない愛情からほとばしる熱量が社員の心に転移し、社員一人一人が熱くなり、組織が一つになり、会社が強くなっていった。

随分前に聞いた稲盛の話が、今も私の心に残る。

2社購買をしていたお客さまが、京セラと競合社双方の工場を見学された。「製造設備はほとんど変わりないのに、京セラの競争力が圧倒的なのはなぜか」と問われた時、稲盛は「眼に見えない組織の力の差です」と答えたという。この組織力の差を生み出した原動力が、経営者が社員へ注ぐ愛情である。

経営者、リーダーは、自己犠牲を払ってでも、その力を組織に注入し続けなければならない。企業の理念も同様であろう。従業員の幸福の実現をうたうものでなければならない。根底にあるのは全て、社員への深い愛である。

組織の底を流れる地下水脈、あるいは遺伝子のようなものに自らへの愛情が感じられればこそ、社員は動機づけられ、組織が活性化していく。稲盛の薫陶を受けた企業は数多い。今後も社員への愛情に基づく経営者の「やさしさ」がそれぞれの組織の血流となって目には見えない力を呼び起こし、さらなる成長発展へと導いていくことであろう。

経営者の志

稲盛和夫と最後に食事をしたのは、コロナ禍の影響もあり、３年ほど前になる。稲盛が好物のステーキを、ホテルの鉄板焼きレストランでいただいた。もともと大柄な稲盛が随分痩せていたが、エネルギッシュで元気な姿に変わりはなかった。

焼酎のお湯割りをいただき、赤ワインも進んだ。小一時間ほどたった頃、稲盛は、静かに腕を組み、眼を閉じた。１～２分くらいだったか、いやもっと長かったようにも思えた。おもむろに眼を開くと、「よくやったなー。奇跡だなー」と語りかけるようにつぶやき、手を合わせた。

人生をともに走った全ての人々に贈る、共感と感謝の言葉であったように思う。稲盛の心には、70年近い年月が走馬灯のごとく巡っていたに違いない。

その後、京セラ創業前に勤めていた松風工業時代の思い出話に花が咲いた。歴史のある碍子メーカーで、長岡京市に広大な神足工場があった。われわれが入社した頃は経営難に陥り、労働争議が頻発していた。

縁あって就職した私は、新しいセラミック材料を研究する稲盛の助手となった。勃興するエレクトロニクス産業向けに、新しい材料を開発、商品化することで再建を果たすべく、会社は稲盛に命運を託した。

新材料開発に成功した稲盛は、テレビ用絶縁部品の量産化に努めた。時代はまさにテレビ時代。大量注文を受け、若きリーダー稲盛を中心に組織が編成され、生産に日夜邁進した。ストを強行する組合とことあるごとに衝突したが、製品の納入は全うした。何としてもお客さまに迷惑はかけられない。稲盛はそのために全員が心を一つに団結し、果てしない努力を続けることを求めた。また、そのことを通じ、職場の仲間の生活を必死に守ろうとした。

その間稲盛は、お客さま至上主義、メーカーの供給責任、従業員の幸福追求、労働の意義など、自分たちが懸命に努めていることの意味について、机の周りに幹部社員を集め、懇々と説き続けた。青年経営者のあふれんばかりの情熱、闘志、そして考え方が一人一人に転移し、「火の玉集団」が形成された。

稲盛はその後、松風工業を退社し、京都セラミック（現京セラ）の設立に踏み出す。まだ27歳であった。

それから63年。京セラの連結売上高は２兆円が目前で、従業員は８万人を超えた。「京セラフィロソフィ」と呼ぶ、稲盛が標榜（ひょうぼう）する経営哲学を実践する集団の根幹にあるのは、松風工業時代の苦闘の中で培われたものであると思う。思い返せば、その頃に全てが凝縮している。

「何か言い伝えることはありませんか？」。いまわの際、ご家族にこう問われた稲盛は「何もない」と静かに答えたという。

全力で走り切った稲盛は全てを委ねてくれた。それは透明なバトンにも似て、清らかで限りなく重い。

＊「経営者の涙」（京都新聞２０２２年９月22日付掲載）
＊「経営者の魂」（京都新聞２０２２年10月27日付掲載）
＊「経営者の愛」（京都新聞２０２２年11月16日付掲載）
＊「経営者の志」（京都新聞２０２２年12月22日付掲載）

伊藤謙介氏（いとう・けんすけ）
1937年生まれ。59年、京都セラミック（現京セラ）創業に参画。主に開発・製造畑を歩き、89年に社長に就任。会長、相談役を歴任するとともに、稲盛さんの理念浸透に努めた。岡山県出身。

第5章　荒野を行け
―稲盛和夫・京セラ名誉会長の提言―

２０１５（平成27）年6月、稲盛さんは郷土の国際交流発展のため、鹿児島県と鹿児島市に計20億円を寄付した。その際、鹿児島の若者へのメッセージ、経済や政治、教育への提言を聞いた。

※同年7月20～25日付南日本新聞掲載

「世界」を肌で感じて

―20億円を私財から寄付した。国際交流センター(仮称)建設はどういう思いからか。

「鹿児島は日本の片田舎でありながら、世界へ雄飛する進取の気性に富んだ人々が非常に多かった。現在のグローバルな世界の中で、鹿児島の子どもたちが、世界に飛び立つための支援がしたい。歴史的にも(宣教師)ザビエルが来たり、海外に開かれていた」

「(センターでは)まずアジアの人たちとの交流が念頭にある。各国の人と交流するだけで視野が広がり、世界を肌で感じられる。世界的に日本に対する認識が、いいイメージに変わってきている。おもてなしの精神、思いやりなどの人間性を日本に来た人にも知ってもらいたい」

―出身の鹿児島大学には、稲盛会館、稲盛アカデミーなども寄付している。

「鹿児島大学は決して有名大学ではない。それだけに際立った研究開発、また優れた業

鹿児島大学工学部在学中の稲盛さん（前列右）
＝1952年（京セラ提供）

績を残してほしい。私が大学に入ったのは戦後すぐの１９５１（昭和26）年。新制大学で、大学とは名ばかりだった。校舎は伊敷の旧陸軍練兵場に残っていた兵舎。施設は大変悪かったが、一生懸命勉強した。その後社会に出てファインセラミックスの研究などで、京セラの礎を築くことができた。鹿児島大学が立派になってほしい思いは人一倍持っている」

―鹿児島の若者、学生へ。

「大学卒業後に就職したのは、給料を遅配するような京都の焼物会社だった。そういう環境でも、一途に新しい研究に没頭した。人がやった道を歩くのではなくて、独自に新しい研究を始めた。参考資料も乏しい中での独学だった」(その後退社し、京セラ創業)

「教職員をはじめ、学生諸君も、自分が志している研究や仕事に、一心不乱に取り組んでほしい。有名校でなくても、社会に出てからも、恵まれた環境ではなくても、自分の思うことに精魂込めて努力すれば必ず実ると信じている。私自身がやってきた。きれいなお花畑(いわゆる『いい会社』)に目を奪われないで、荒野であろうとも、自分の信ずる道に努力をすれば、必ず道は開ける。そういう生き方をしてほしい」

自信持ち海外進出を

―1969年建設の川内工場など鹿児島の3工場は、地域振興に役割を果たしている。

「若い頃に、ドイツで有名な(光学機器メーカー)カールツァイスの工場を見た。閑静な田舎町に立派な建物があり、レンズや精密なメカを製造していた。産業の基礎はすごいと感じた」

「川内工場は当時の（金丸三郎）鹿児島県知事に『産業がないので、ぜひ工場を』と頼まれてつくった。先日、十数年ぶりに訪問すると、当時の面影はなく、見違えるほど立派になっていた。特に（金属などを削る）切削工具の工場を見たが、全自動の重機械がずらりと並び、炉も非常に高温で近代的。鹿児島の田舎に、世界に誇れる精密重工業の工場があり、何千名という社員が働いている姿を見て、日本の産業の底力だと思った」

―鹿児島では他社の工場撤退が続いた。

「多くの大手企業の地方工場が失敗した。海外に移すなど、どんどん地方工場をやめた。それは労働力確保のためにつくっただけで、工場運営を通した町の発展や住民の雇用を守って日本の産業の基礎づくりをしようとの考えがなかったからだ。国の将来を考えれば、地方にこそ世界に誇れる工場が必要だ」

―鹿児島の地方創生には、どのような可能性があるか。

京都セラミック創業時の稲盛さん（最後列左から６人目）と従業員＝1959年（京セラ提供）

「地場に大きな産業がなく、地元の資産を生かした振興しかない。焼酎産業のほか、農産品でも素晴らしいものが生まれている」

―農業と観光に力を入れている。

「もっと伸ばせる。ヨーロッパ、中国、米国を含め、加工品も輸出できる。自信を持って輸出すべきだ。環太平洋連携協定（TPP）は大きな貿易の自由化で、チャンスだと捉えられる。問題もあるが、（TPPが締結されれば）積極的に海外に打って出るべきだ」

―鹿児島の企業、経営者に必要なものは。

「私も最初は、開発したエレクトロニクス用のファインセラミックスを日本の電機メーカーに供給した。しかしもっと先を行っているのが米国の電機産業だった。サンプルを風呂敷に包み、何も分からず、米国の大メーカーを一社一社訪ね歩き、ＩＢＭなどからの受注につながった。そういう努力を続ければ必ず道が開けていく」

「世界に打って出ようという強い思いが、経営者に必要だ。例えば、焼酎を世界の飲み物にしたいと思うならば、商社を通じてだけでなく、メーカー自らが海外の酒問屋やレストランを一軒一軒回ってでも売っていく努力が必要ではないか」

現政権の方向性危惧

―過去に民主党支持を鮮明にしてきた。自民党政権への思いは。

「戦時中は軍国少年で、中学1年の時は(陸軍)幼年学校に行って飛行隊の士官になりたかった。だが空襲で鹿児島市内が全滅して、実家も焼けた。子供だったが、最前線の兵士と同じような凄惨な戦争の現実を体験した。戦争は絶対にしてはならんと思っている」

「現在、安全保障法制の議論があり、集団的自衛権の問題が俎上に上がっている。人は勇ましい見かけを好む。隠忍自重して耐えるのは真の勇気がいる。蛮勇をひけらかすことが真の勇気だとは思わない。われわれの時代は見せかけの勇気でもって、戦争を起こしてしまった。今こそ真の勇気を奮い起こして、決して戦争の方を向いてはならない。現政権が進める方向については若干危惧している」

—憲法改正ではなく、解釈による変更については。報道圧力も取りざたされている。

「今の憲法があったから、戦後70年日本が平和だった。自分の国、民族を守る勇気と備えは必要だ。だがそれ以上のことを、調子に乗ってやってはならない。解釈変更や9条改正は良くない。ああいう(報道に圧力をかける)人は相手にせず、(報道機関は)民の声を代弁してほしい」

—政府の行政改革審議会委員などを務め、官僚支配の社会を変えるべきだと訴えた。

「清廉な政治家を選んで」と若者に呼び掛ける稲盛和夫・京セラ名誉会長＝2015年７月、京都市伏見区

「現在は官僚よりも、政治家の質の問題が大きい。政治屋タイプが増え、職業に就いたこともなく、親の後を継いだ政治家が多い。ある政治家が『志を一緒にした人たちが多く落選し、生活にも困っている』と言ってきた。それではいけない。市民として生きる力がない人が、政治をやれるはずがない。われわれは見る目を養い、人間性のある立派な政治家を育てる義務がある」

―18歳から選挙権を得ることになる。

「若い人は純粋な気持ちを持っている。それに合うような、美しい思いを持った清廉な政治家を選ぶことが一番大事だと思う」

―鹿児島の政治はどうか。来年は知事選、鹿児島市長選がある。

「地方自治体の首長に3期、4期、5期という方がおり、任期が長くなっている。現職を追い越すようないい人物が出ないこともある。一般論ではやはり、水は流れていかなければ。よどんでいては腐敗する。あまり長期政権は良くないと実は思っている。もちろん全てがそうとは一概にはいえない。長期でありながら研さんし、人間性を高めて、立派な政治をする人もいる」

考え方で人生変わる

―青少年育成に力を入れてきた。教育の大切さとは。

「以前（2007年）に松山バレエ団（森下洋子団長）を鹿児島に招き、子どもたちに見てもらった。子どもは純粋であればあるほど、新しい文化に目を見開き、心を開く。知らない世界を垣間見ることは、純粋で素朴な青少年には大きな影響を及ぼす」

―京都賞の講演会を12年ぶりに鹿児島で開いた。千人を超える高校生も招待された。

「京都賞を受けるような、世界のトップレベルの知性の持ち主の謦咳（けいがい）に接するだけでも、大きな刺激を受ける」

「海外留学も大事だ。いい学校を出て、英語が若干しゃべれる必要はない。英語は向こうでも勉強できる。もしそういう動きが、鹿児島の高校、中学であれば支援をしたい」

―「考え方」次第で人生が変わると説く。

「『人生・仕事の結果＝考え方×熱意×能力』で表せる。一番重要なのは考え方だ。マイナスの思考では、掛け合わせることによって、マイナスの結果が出る。極端に言うと、能力と熱意があっても、世の中にすねて犯罪でもしようと考えれば、大変な悪になっていく。能力と熱意があればあるほど、大きなマイナスになる」

「人の心には利己的な思いと、その対局にある他を慈しみ、思いやるという利他の心が同居していると思う。利己的、打算的な思いを隅っこに押しやり、利他の心を常に働かす

京都賞を受賞した世界的建築家の安藤忠雄さんが設計した稲盛会館。卵形ホールが特徴

ことが大事。能力が低くても、考え方が正しく、熱意で上回れば、能力の高い人よりも大きな結果を得られる」

―人生の岐路で教師に支えられたと聞く。

「小学校（西田）を卒業して、鹿児島一中（現鶴丸高校）を受けたが受験に失敗した。それで国民学校高等科に1年間通った。次の受験では肺結核になり、微熱で寝込んでしまった。中学には行けないと思っていた時に担任の先生が、空襲警報の中を訪ねてきて、どうしても中学だけは行かなくてはだめだと言ってくれた。

願書も出してくれていた」（私立鹿児島中に進学）

「高校（現鹿児島玉龍）卒業後は、就職しようと思っていたが、やはり担任の先生が大学に行くべきだと、家まで来てくれた。終戦後で貧乏していて、私も両親に頼んで進学できることになった。（第１志望の）大阪大学医学部は受からなかったが、先生がいなかったら大学は行っていない。一人の教え子の将来を真剣に考え、親も及ばない配慮をし、励ましてくれたことで今日の私があると感謝している。今の先生方も、教え子の将来を背負っている。可能性ある子どもを、立派な人間に育ててほしい」

空襲で被災、平和願う

―戦時中、鹿児島で空襲を体験した。

「１９４５年６月の空襲で鹿児島市内が焼け野原になる前ぐらいだったと思う。実家は甲突川近く(現同市城西1丁目)にあった。おじの葬式で身内が集まった夕食中に、空襲警報が鳴り、皆で庭の防空壕に逃げ込んだ。ものすごい爆撃で、このままだと煙や炎でやられるので、出て逃げることになった。甲突川沿いを川上に逃げた。父は体が不自由な祖父を、母親が下から2番目の子、一番下の赤ちゃんは長女(妹)がおんぶした。川下の新上橋の方から、ふとんや毛布を頭にかぶった人がたくさん逃げて来ていた」

「B29が対岸の新照院辺りに焼夷弾を落としていた。当時の電車通りにボ、ボ、ボ、ボ、ボと落ちて刺さった。焼夷弾は八角形くらいの筒だった。それがボサッと地面に刺さって、上のふたが開くと、そこからゴムのりみたいなのがバーと出て周囲は火の海になる。どんどん落ちてくるのを見ながら逃げた」

「焼夷弾は何十本も入った大きいものが落ちてきて、途中でバラッと開く。ゴー、ゴーとものすごい嵐のような音がしていた。幸い巻き込まれなかったが、ふらふらになりながら夜通し歩き、犬迫の峠を越えて、親族のいる小山田を目指した」

「その後の空襲で実家も焼けた。学校も焼けた。青空学級で勉強しているところに度々、米軍のグラマン戦闘機が超低空で、ダダダダダと機銃掃射をしてきた。くもの子を散らすように逃げると、さらに反転して機銃掃射でバババババーと。若いパイロットは表情が分かるくらい低空で撃ってくる。１００メートルもないくらいだった。何度もそういう体験がある。戦争はもう、絶対やってはいけない」

―幼いころ、かくれ念仏の宗教的な場を経験したと聞いた。

「自分一人で生きているのではない」と周囲への感謝の大切さを語る稲盛和夫・京セラ名誉会長
＝2015年７月、京都市伏見区

「５歳ぐらいだった。父親の出身の小山田にある山奥の村で、かくれ念仏をやっているところがあった。そこに父に連れられ、ちょうちんをつけて行った。仏壇の前で、お坊さんらしき人が手を合わせて『なんまん、なんまん、ありがとう』という。それを朝晩と仏壇で唱えて、手を合わせて拝みなさいと教わった。鮮烈に覚えている」

「それからは『なんまん、なんまん、ありがとう』と、日中でも口をついて出る。私はずっと、人間として謙虚にしておごらず、さらに努力を、と言い聞かせている。その原点だ。自分一人で生きているのではなく、神仏のおかげで生きているということ。それを5歳の時に教わり、ずっと守って生きている」

「海外でキリスト教の教会に入っても、イスラム寺院に入っても、両手を合わせている。天に存在する神様は、皆一緒だろうと思ってそうしている。それは私自身の人間性に非常にいい影響を及ぼしたと考えている」

仕事で人間性高めて

―故郷の現状はどう映るか。鹿児島が今後も大切にすべきものは。

「これからはグローバルな人材、グローバルな考え方ができる人材が日本にとって必要となる。鹿児島は昔から、進取の気性に富んでいた。遣唐使の時代を含めて、海外に開かれていた伝統を生かし、もっと世界に開かれた県であってほしい」

「『泣こよかひっ飛べ』というのは、追い詰められている前提がある。切羽詰まった状況に自分を追い込まないといけない。私は京セラという会社をつくり、どうしても立派な会社にしたかった。ファインセラミックスのビジネスを国内だけで展開していては限りがあると、米国のメーカーを訪ね歩いた。何としても、との思いがあれば、具体的な方法論を教えてもらわなくても道は開ける」

―83歳までチャレンジし続けてきた。次のチャレンジは。

酒を飲み、鹿児島大学の学生と交流する稲盛和夫・京セラ名誉会長。「チャレンジには忍耐、努力が必要」と説く＝2001年10月

「いま力を入れているのはボランティアの『盛和塾』の活動だ。日本全国、中国、米国を含めて中小企業の経営者に、立派な経営をしてもらうためにアドバイスをする任意団体で、非常にやりがいがある。多くの方に喜んでもらって『盛和塾で勉強しなかったら、今日うちの会社は存在しなかった』という手紙もいただく」

「先日も中国の方が私の会社を訪問され、一緒に会食をした。その時に、焼酎をロックで飲みましょうと進めて、大変おいしいと皆で飲んだ。最近では中国の経営者の方々も私のことを大変勉強している」

―鹿児島の若者にメッセージを。

「鹿児島から京都に出た若い頃、テレビかラジオで、宮大工の話を聞いた。物言わない材木を相手に、のことかんなで仕上げる。何百年、千年たった材木もあり、それぞれの特性を大事にしながら、必死で仕上げていく。でっち奉公に入ってからずっと、その道を究め、70歳ほどになった方の話は、悟りを開いた高僧のようだった。仕事を、精魂込めて一生涯努力をすることで人間性が高められると感じた。当時つぶれそうな会社でも、研究に没頭できた原動力となった。そういう人間になりたいと思った」

「いまの若い人は、経済的に豊かな社会の中で、豊かに育っているだけに、あえて苦難な道、厳しい道を歩くことを嫌う傾向が強いと感じる。目指した道を一心不乱に進むのは、一歩一歩が苦しい。けれども、脇目を振らないで努力を続けていくことが、ものを成し遂げる絶対条件となる。そういうことを若い人に知ってほしい」

第6章　逆境の努力こそ成就

多くの功績とともに、私財を投じた多額の寄付などふるさとへの貢献がたたえられ、稲盛さんは2019年に鹿児島県の名誉県民第1号に選ばれた。同年7月、顕彰を前に生まれ故郷への思いや、心がけてきた生き方について聞いた。

※同月15日付南日本新聞掲載

心の持ちよう、幸運呼ぶ

―ふるさとの思い出は。

「今でも鹿児島市に帰れば、城西中の近くにある実家付近の甲突川に下りて魚を捕りたくなる。子ども時代は、ダンマエビ(手長エビ)を捕って母親に砂糖じょうゆで煮てもらうのが楽しみだった。アユはテグスで作った小さい網で、下流から追い掛ける。1匹に狙いを定めて10メートルも追うと弱って石の陰に身を寄せるので、狙い澄まして網をかぶせて捕まえるものだった」

―卒業した鹿児島大はもともと第1志望ではなかったと聞く。

「受験では失敗を重ねた。まず当時の一中、今の鶴丸高校に受からず、私立の鹿児島中学校に入れてもらった。鹿児島市立の玉龍高校に編入され、そこでは必死に勉強して成績も上位につけた。大学に進学したいと思うようになり、先生から薦められた大阪大を受験

自らの足跡を振り返る稲盛さん
＝京都市下京区の稲盛財団

した。母親が持たせてくれた餅を持って夜汽車に乗ったのを覚えている。結果はまた不合格。２期校の鹿児島大に行くことになった」

―就職活動はどうだったか。

「名のある会社をたくさん受けたが、どこも採用してくれなかった。結局、大学の先生の紹介で京都の松風工業に就職した。磁器製の絶縁体を造っている会社だ。これがその後の人生を決めたといっていい」

―どんな会社だったか。

「入ってみたら給料の遅配もあるような倒産寸前の状況であぜんとした。同期の友人と『こんなところにはいられない』と自衛隊の幹部候補生に応募した。合格し、入隊に必要な戸籍抄本を送ってくれるよう実家に頼んだが、兄貴が『せっかく先生に紹介してもらった会社をやめるような不義理は許さない』と送ってくれなかった。おかげで、同期は自衛隊に行ったが、自分は松風にとどまらざるを得なかった」

——消極的な気持ちにならなかったか。

「自分の存在価値を示すには、そこで頑張るしかないと思った。吹っ切れると覚悟が決まり、ファインセラミックスの研究に没頭した。心の持ちようが幸運を呼び込んだのだろう。次々とニューセラミックスの開発に成功した」

——そこから独立して京セラを設立し、飛躍していく。振り返って思うことは。

「ひたむきな努力を積み重ねても、すぐに結果が出るわけではない。その先に何があろうと何もなかろうと、前向きな気持ちで居続けたことが今日をつくってきたと思う」

——鹿児島の若者に伝えたいことは。

「鹿児島は日本本土の南の端っこにあり、たいした産業もない。だが、ここで働く、ここで暮らすと決めたのなら、その道を不平不満を言わずに行けばいい。努力の積み重ねの先には、自分でも想像できないような将来が展開していく」

―鹿児島をはじめ、地方は人口減少や経済停滞で閉塞（へいそく）感にとらわれがちだ。

「どんな環境にあっても、自分の人生がばら色に見えている人は少ないと思う。置かれた環境の中で力を尽くす。恵まれて生まれ育った人より、逆境の中で前を向いて努力してきた人の方が人間性も培われるし、努力が成就していく。目的が見えていなくても、今の自分を前向きに生きていくことが大事だ」

第7章　敬天愛人の精神

京セラの社是にも掲げられた西郷隆盛の遺訓「敬天愛人」。稲盛さんはその意味をどう捉え、経営に生かしたのか。2007（平成19）年9月24日に開かれた西郷隆盛生誕180周年記念講演（鹿児島市の宝山ホール）で、「敬天愛人を生きる」と題し語られている。

はじめに

ただ今ご紹介いただきました稲盛でございます。

記念すべき西郷南洲の生誕１８０周年にあたり、講演をさせていただく機会を賜り、大変恐縮いたしております。西郷南洲を語るとなれば、適任の方がたくさんおられるにもかかわらず、私がお話をするのは大変おこがましいことだと感じています。西郷隆盛公奉賛会、ならびに西郷南洲顕彰会の皆さまからのご指示で今ここに立っておりますが、一体何をお話しすればよいのだろうかと悩んでまいりました。

本日、私は「敬天愛人を生きる」と題して、リーダーのあるべき姿についてお話しさせていただきたいと考えています。

近年、経済界において企業リーダーが関与した不祥事が頻発し、大企業といえども淘汰(とうた)される事態が続いております。また、そのようなことが一向に根絶するようにも思えませ

ん。さらには、そうした不祥事が経済界のみならず政界や官界などでも続発し、リーダーが引き起こした不祥事が日本の社会全体をむしばみつつあるようにさえ見えます。このような傾向は日本のみならず、米国、中国、韓国など、世界各国においても共通するものだと思います。

中国の古典に「一国は一人を以て興り、一人を以て亡ぶ」という一節があるように、組織、集団の成否はリーダーによって決まるということが、古来広くいわれてきました。しかし、そのように古今東西を問わずリーダーの重要性が叫ばれながらも、一体そのようなリーダーとはどんな人物であるべきなのかということに関しては、一般的な認識がなかったよ

若かりし頃の稲盛さんと「敬天愛人」の書（京セラ提供）

うに私は理解しております。そのことが今日の社会の荒廃の一因であろうかと思います。

このことから、今日は「リーダーとはどのような人物でなければならないのか」ということについて、私の半世紀にならんとする企業人としての経験を通じ、さらには私の尊敬する郷里の偉人であり、明治維新の立役者である西郷南洲の思想を基に、私の持論をお話ししていきたいと考えています。

「敬天愛人」の書との出会い

私はここ鹿児島市に生まれ育ち、地元の鹿児島大学工学部を卒業後、初めて故郷の鹿児島を出て京都にある碍子(がいし)メーカーに就職しました。ところが、そこはずっと赤字が続いている会社で、最初の給料日に給料が出ないような会社でありました。そのため、寄ると触ると愚痴を言い合っていた同期入社の仲間たちも次々と辞めていき、ついには私だけが会社に残ることになってしまいました。

そこで私は、心を入れ替えることにしました。研究部門に配属されていた私は、ファインセラミックスの研究に寝食を忘れて打ち込み始めたのです。その結果、私は日本で初めて新しい材料の合成に成功するなど、多くの成果を上げることができました。

27歳を迎えようとした時、ある事情からその会社を辞めることになりました。しかし、支援してくださる方々のご厚意により、京都セラミックという会社を設立していただくこととなりました。京都の経営者の方々が集まり、資本金300万円を出資してくださいました。その中のお一人は、自宅を担保にして1千万円の銀行借り入れまでしてくださいました。私はそのようなご厚意に対し、感謝するとともに、肩にずっしりと重い責任を負ったようにも感じておりました。

技術者でしたから、研究開発は何とかできました。また、以前勤めていた会社では50人ほどの人を使ってファインセラミックスの開発から量産までを担当していましたから、若干の人を使うことはできると思っていました。

しかし、いざ会社が始まると、年配の社員からも若い社員からも「こういうことをしたいが、どうでしょう」という相談を日々寄せられました。会社経営の経験がなく、経営を教えてくれる人が身近にいない私は、大変悩みました。

そんな創業して間もない頃のことです。会社をつくってくださった方のお一人が出張から帰ってきた時に、「いいものを買ってきてあげた。あなたの郷土の大先輩である西郷南洲のものだ」と一幅の書を持ってこられました。そこには「敬天愛人」と大きくしたためられていました。幼い頃によく遊んだ鹿児島の城山にあるトンネルの上にも、「敬天愛人」と書かれた碑が掲げてありました。また、私が学んだ小学校の校長先生の部屋にも「敬天愛人」の書が掛けられていたので、その書を見た時は懐かしい思いがしたと同時に、大変うれしく思ったのを覚えています。

すぐに表装し、たった一間しかない会社の応接間に掲げました。まだその時は、会社をつくっていただいた方のご厚意への感謝の気持ちと、子供の頃から知っている郷土の偉人、西郷南洲の言葉だという親しみだけで、その書を眺めておりました。

京セラの判断基準――人間として正しいことを貫く

先ほども申し上げましたように、会社を始めた瞬間から私はさまざまな経営判断を迫られました。そのようなことに対して一つ一つ、「それはやってもいい」「これは駄目です」と判断を下すことがトップの責務なのだということを知りました。しかし、当時の私は判断するために必要な基準を持ち合わせてはいません。大変困りました。

私が判断を一つ間違えば、せっかくつくってもらった会社がつぶれてしまうかもしれない。従業員を路頭に迷わせてしまうかもしれない。そのことが心配で、私は夜も眠れませんでした。リーダーである私の一挙手一投足が会社の命運や従業員の一生を決めてしまうのだと思えば思うほど、心配はますます募っていきました。

さらには、私のために資本金を出してくださった方々、とりわけ家屋敷を担保にしてまで銀行から1千万円を借り入れてくださった方に、会社が倒産すれば大変なご迷惑をかけてしまう。このことは、私にとって大変な重荷でした。

何を基準にして経営の判断をすればよいのか、よくわからなかった私は、いろいろと悩み考えた末に、子供の頃に両親や先生から教わった「やっていいこと悪いこと」を判断の基準にしようと考えました。幼稚な、いわゆるプリミティブな道徳観、倫理観の持ち合わせしかなかった私は、それを経営の判断基準にしていくしかなかったのです。

ただ、社員に対しては、リーダーとしてあまりにも幼稚なことを言うわけにはいきませんので、私は次のように社員に呼びかけました。

「これからは、会社経営の判断基準を〝人間として何が正しいのか〟という一点に絞る。皆さんから見れば、それはあまりに幼稚でプリミティブな判断基準だと思うかもしれないが、そもそも物事の根本というものは単純にして明快に違いない。だから私は今後の経営を、人間として正しいことを正しいままに貫いていくということで進めていきたい」

このように私自身にも従業員にも言い聞かせながら、私は経営にあたってまいりました。

「人間として正しいことを貫く」ことを京セラの判断基準にすると決めた後、ふと応接室に掲げた「敬天愛人」の書を見上げました。その時、西郷南洲が「敬天」、つまり天を敬うということの意味として、自分と同じことを言っていることに気が付き、大変勇気づけられたことを覚えています。「人間として正しいこと」とは、西郷が言う「天」のことであり、西郷は「敬天」という言葉を通じて「天」が指し示す正しい道を実践していくことの大切さを説いていました。そう理解した私は、「自分が一生懸命考えたことは幼稚なものだったかもしれないが、決して間違っていなかった」と強く感じました。

今日、京セラは売上が1兆2千億円を超えるメーカーに成長いたしました。世界中に多くの工場を持ち、6万人超という従業員を抱える規模になっていますが、創業当時に決めた「人間として正しいことを貫く」ということ、つまり西郷が説く「天道」を踏みつつ経営するという方針は一切変わっていません。

現在、世界中に展開する京セラの事業所すべてに、社是として「敬天愛人」という言葉が掲げられています。まさにグローバルな発展を続ける京セラの経営の中心に、西郷南洲の思想が存在しているのです。

天に恥じない経営を行う―「敬天」の思想

一般には、経営には戦略戦術が必要だといわれています。そのような風潮の中にあって、私は「人間として正しいことを貫く」というシンプルな経営姿勢を今日まで貫いてきました。しかし、昨今の産業界における不祥事の続発を見るにつけ、「人間として正しいことを貫く」というプリミティブな原理原則の大切さを改めて痛感しております。このプリミティブな原理原則を忘れ、経営の手練手管や策に溺れたリーダーが経営にあたっているがために、今なお多くの不祥事が起こっているのではないかと思うのです。

２００１年、エンロンという米国の巨大エネルギー会社が、経営トップの不正を発端に、一瞬にして崩壊しました。また、私が第二電電をつくりました時に手本としたＭＣＩという会社を買収した米国一の通信会社ワールドコムも、トップが関与した会計操作によって会社更生法を適用される事態に陥りました。

このように企業のトップ、つまりリーダーの不祥事によって、大企業が一瞬にして倒産し、投資家、顧客、そして従業員たちが悲惨な状態に陥ってしまうのです。そのために現在、米国のＳＥＣ（証券取引委員会）では、企業統治のあり方、つまりコーポレートガバナンスはいかにあるべきかということから、不祥事が起きないようにするための膨大なルールを作り、これをニューヨーク証券取引所に上場しているすべての企業に適用しています。

現在、法や制度の整備を進めることによって、不祥事を防止しようという方法が採られているわけですが、いくらそのようなことに努めても、リーダーが自分の利益を増大させるためには何をしても構わないという思いを少しでも持っている限り、不祥事は根絶できないと思います。西郷の言う「敬天」の思想、天に恥じない経営をするというその一点を徹底していくことでしか、私は不祥事を未然に防ぐことはできないと考えています。

全従業員の物心両面の幸福を追求する ―「愛人」の思想

会社を始めて3年目の時です。前年に採用した高卒の社員たちが突然、私のところにやってきて、「将来が不安だから、昇給や賞与など、将来にわたる待遇を保証してくれ」と迫ってきました。「京セラはできたばかりの会社だから、みんなで力を合わせて立派な会社にしていこうと言ってきたではないか」と私がいくら話しても納得しません。「将来を保証してもらわなければ、今日限りで辞める」の一点張りです。

私は、当時住んでいた市営住宅に彼らを連れて帰り、三日三晩にわたり話を続けました。そして最後に覚悟を決め、次のように説得しました。

「ボーナスはこうする、昇給はこうするという約束はできない。私自身にも、会社の将来がわからないのだから、約束することはうそになる。しかし私は、誰よりも必死になってこの会社を守るために頑張っていこうと思う。きっと立派な会社にして、君たちの生活がうまくいくようにしてあげたいと強く願っている。その私の誠意だけは信じてほしい。もし、私が信頼を踏みにじるようなことがあったら、殺してもいい」

1人がうなずいてくれ、さらに2人が理解してくれ、少しずつ折れていき、最後には全員が納得してくれました。

社員の反乱は収束し、私はホッとしたものの、その夜は眠ることができませんでした。不遜な言い方かもしれませんが、経営とはこんなばかばかしいものかと思ったからです。

私の父親は戦前、鹿児島市内で印刷屋を開業していました。しかし、空襲で家も機械もすべて灰になってしまったために、戦後はやる気を失い、仕事をしていませんでした。私を含め7人の兄弟を抱えた母親が、着物を売り食いして、われわれを食べさせてくれていたのです。また、妹は私を大学に行かせるために高校を中退してくれました。そのような家族のために、私は就職してから、わずかではありましたが、毎月仕送りをしていました。京セラ創業後もそれは続けていました。

家族の支援に努めなければならない立場であるのに、縁もゆかりもない人たちの生涯にわたる生活を見ることになってしまった私は大変悩み、「こんなことなら会社を起こすのではなかった」と後悔までしました。

元々、京都セラミックという会社は「稲盛和夫の技術を世に問う」ためにつくっていただいた会社でした。以前勤めていた会社では、私の研究や技術を十分に認めてくれなかったけれど、新しくつくってもらった会社では、誰に遠慮することなく自分の技術を世に問うことができると、私も喜んでいました。技術者としての私的な願望が京セラ設立の目的であったわけです。

ところが社員の反乱で、稲盛和夫の技術を世に問う場としての京セラは一瞬にして吹き飛んでしまったのです。技術者としての理想を掲げた会社の目的がついえ去り、社員の人たちの生活を守るという目的に変貌してしまったのです。一抹の寂しささえ感じました。

一晩にわたって考え続けた私は、会社というものは、その中に住む従業員に喜んでもらうことこそが真の目的であり、最も大切なことなのだということを心の底から理解しました。

翌日、すぐに「全従業員の物心両面の幸福を追求する」ということを企業の目的にすることを決定しました。同時に、それだけでは公器としての企業の目的は果たせないと考え、「人類、社会の進歩発展に貢献する」という一節も加え、京セラの「経営理念」としました。

京セラという会社の目的をしたため終わった時、ふと顔を上げた私の目に飛び込んできたのは、またも応接間に掛かっている「敬天愛人」の書でした。今度は「愛人」です。まさにこれは西郷南洲が説く「愛人」、つまり広く人々を愛するということなのだと、その思想の神髄を理解した気がしました。

南洲翁遺訓に学ぶ「リーダーのあるべき姿」

その後、京セラが上場してから、しばらくたった時のことです。かつて庄内藩であった山形県酒井市に在住する方が、鹿児島出身の青年が京都で会社を起こし、立派な会社に育て上げたということを伝え聞いたと、私を訪ねてこられました。

「庄内地方では、今も多くの人が西郷南洲を敬愛しています。また、西郷南洲の思想をまとめた『南洲翁遺訓』を編さんしたのは、薩摩の人たちではなく、庄内藩の人たちなのです。その遺訓集をあなたに差し上げたいと思い、山形から出てきました」とおっしゃいました。

頂戴した『南洲翁遺訓』を読んでみて、私は改めて西郷の思想哲学の素晴らしさに感動しました。企業経営にあたるリーダーとして、これは特に重要な要諦だと考えた私は、遺訓集を座右に置き、折に触れひもときながら西郷の思想について改めて勉強を始めました。

稲盛さんが愛読した『南洲翁遺訓』（京セラ提供）

そのようにして自分なりに西郷南洲の思想哲学を学んできたのですが、この中には「リーダーのあるべき姿」が見事に語り尽くされていると思います。今からその代表的なものを引用しつつ、お話ししてまいりたいと思います。

遺訓集の最初にある言葉は、混迷を極める今こそ、大変大事なことだと思います。

廟堂に立ちて大政を為すは天道を行うものなれば、些とも私を挟みては済まぬもの也。いかにも心を公平に操り、正道を踏み、広く賢人を選挙し、能くその職に任ゆる人を挙げて政柄を執らしむるは、即ち天意也。それゆえ真に賢人と認むる以上は、直ちに我が職を譲る程ならでは叶わぬものぞ。故に何程国家に勲労ある共、その職に任えぬ人を官職を以て賞するは善からぬことの第一也。官はその人を選びてこれを授け、功ある者には俸禄を以て賞し、これを愛し置くものぞと申さるる。

(訳)政府にあって国の政(まつりごと)をするということは、天地自然の道を行うことであるから、たとえわずかであっても私心を差し挟んではならない。だからどんなことがあっても心を公平に堅く持ち、正しい道を踏み、広く賢明な人を選んで、その職務に忠実にたえることのできる人に政権を執らせることこそ天意、すなわち神の心にかなうものである。だから、ほんとうに賢明で適任だと認める人がいたら、すぐにでも自分の職を譲るくらいでなければいけない。従って、どんなに国に功績があっても、その職務に不適任な人を官職を与えてほめるのはよくないことの第一である。官職というものはその人をよく選んで授けるべきで、功績のある人には俸給を与えて賞し、これを愛し置くのがよい、と翁が申される。

このようなことを西郷南洲は遺訓集の冒頭で述べています。ここでは政治家のことを例にしていますが、中小企業の経営者であれ、どんな小さな組織であれ、トップに立つ者はこういう心構えでなければならないのだと、私は読んだ瞬間に思いました。

トップに立つ者は天道を踏み行うものであって、少しでも私を挟んではならない。利己または自分を大切にする思いを差し挟んではならないと、西郷は述べているのです。この言葉に出会って、私は身震いがいたしました。

当時の京セラは、成長発展を重ね、少しばかり立派になりかけていました。しかし私自身はまだまだ不安で、いつなんどき倒産の危機にひんするかもしれない、従業員を路頭に迷わせることがあってはならないと思い、必死に仕事に励んでいました。まさに100％会社経営に没頭していました。「個人の時間などは一切ない」とさえ思っていたほどです。

会社でも、どんな団体でも構いませんが、組織というものがあります。その組織は本来、意思も意識も持っていない無生物であるはずです。しかし、組織のトップに立つ人間がその組織に意識、いわば生命を吹き込めば、組織は生物のように活動を始めます。

例えば、私が京セラの社長として四六時中京セラのことを考えている間は、京セラという組織は生きています。京セラという組織は意識を持っているわけです。しかし、私が家に帰り、個人になった時には、会社の頭脳に当たるところが寝てしまい、京セラという組織は意識を失ったも同然の状態になってしまいます。

経営者たる者、四六時中会社のことを考えていかなければ、会社は機能しなくなります。しかしそれでは、個人というものは一切なくなってしまいます。このことが実際にはどれほど厳しいか、私は思い悩み、自問自答を繰り返していました。

個人に返る時がなければ、人間は生活していくことはできません。ですから、なるべく私人としての自分になる時間、個人に返る時間を少なくし、社長という公人としての意識を働かせている時間を多く取るようにする。自分自身のことは犠牲にしてでも会社のことに集中する。それがトップの義務なのだと、深く悩んだ末に思うようになりました。ちょうどその頃に、先ほどの西郷南洲の一節に出会ったわけです。「これなのだ」と思いました。

トップに立つ人間が個人という立場になった時、組織を駄目にしてしまう。常に組織に思いをはせることができるような人、いわば自己犠牲をいとわないでできるような人でなければ、トップになってはならないということを、西郷南洲は教えてくれているように思いました。

苦楽を共にしてきた人を大切にする

また西郷は、「何程国家に勲労ある共、その職に任えぬ人を官職を以て賞するは善からぬことの第一也。官はその人を選びてこれを授け、功ある者には俸禄を以て賞し、これを愛し置くものぞ」とも説いています。これは、まさしく人の処遇にあたっての要諦であり、企業経営によくよく当てはまることです。

中小零細企業の時には、その企業規模に合ったような人材しか集まりません。しかし会社が大きくなれば、経営者に欲が出てきます。もっと頭の良い人、もっと優秀な人が欲しいと思い始めるようになるわけです。

万年中小企業である場合には問題ないのかもしれませんが、会社が発展して大きくなっていくとき、経営者は人材の登用にあたって二つのケースに悩むことになります。

一つは、自分と一緒に会社をつくり、苦楽を共にしてきた番頭さんのような存在の人を大切にする場合です。会社が大きくなるに従って、そういう人たちは専務や副社長になっていきます。売上1億円、2億円の会社が、売上100億円、いや1千億円という規模の会社になってくると、高度な経営能力が要求されるようになります。にもかかわらず、自分と一緒に苦楽を共にしてきた創業時からの功労者を、ただそのことだけで重役に遇して経営を任せてしまう場合があります。たしかに過去に功績があり、共に苦労し、今日の会社をつくるのに役立ってくれた人です。しかし、売上が1千億円に達した大企業を守っていくための能力には乏しい人を、あたら重職に就けてしまったがために会社が傾いてしまったという例を、われわれは見聞きすることがあります。

もう一つは、会社が大きくなるにつれて新しい人を求めていくケースです。会社が大きくなっていけば、トップは自分のことは棚に上げ、部下に能力のないことがだんだんと見えてくるようになります。そのために、自分と一緒に苦労してくれたが、こういう人たちでは会社をこれ以上立派にしていくことはできないと、次から次へと新しい人を迎え入れようとします。例えば、ＭＢＡ出身の高度な経営技術を修得した人を次から次へと迎え入れ、要職に就け、会社発展を図っていこうとするわけです。しかしそれでは、創業以来、苦楽を共にしてきた番頭たちは「自分たちがここまで会社をつくったのに」と思いながら、寂しく去っていくことになるのです。

素晴らしい会社をつくり上げながら、中小企業の時から苦楽を共にしてきた番頭たちが一人も残らず、会社が大きくなった後に入ってきた、才能があり、弁舌が立つ才子たちだけが要職に就き、跋扈（ばっこ）するような会社がありますが、そのような会社は会社の精神的な支柱であった番頭さんたちが去ることで、次第に変質を遂げ、やがては没落をしてしまいます。そんな例をわれわれは実際に見聞きしています。

「会社が大きくなるにつれ、創業の時から苦労してくれた人たちが、だんだんと間尺に合わなくなってきた。優秀な人を採用していこうと思うのですが、いいのでしょうか」。

私はよくそういう相談を受けるのですが、その時にはいつもこのように答えています。

「優秀な人を採用していくことは必要ですが、苦楽を共にしてきた人たちも大事にしてください」

京セラもそうです。中小零細企業であった頃には、その企業規模に見合った人しか入ってこないのです。一流大学出の優秀な人を採用したいと思ったところで、そういう人は誰も来てくれはしません。現在の会社に見合ったような人、いわゆる頼りなさそうな人が入ってくるだけなのです。経営者である自分自身も頼りないのですから、頼りない人しか入社してこないのは当然のことです。しかし経営者は不安なので、これでは駄目だ、会社を立派にするためには優秀な人材が要ると考えてしまうわけです。

私は、そんな人たちに向かって説いています。

「あなたと苦楽を共にし、今もなお、あなたについていこうという古い人たちがたくさん社内にいるはずです。そのような人たちを大事にしてください。ボロ会社だった時に来てくれた人なのだから、学問もないし、ボロ会社に見合ったような人かもしれない。しかし、小さな会社の時から、20年30年、営々と不平不満も鳴らさず、努力を重ねてきた人ならば、きっと素晴らしい人間に成長しているはずです。そんな人を大切にしてください」

営々とした努力の継続が、凡人を非凡に変えていく

営々と努力を継続していくことで、凡人は非凡な人へと変わっていきます。元々はどこの馬の骨かわからなかった人が、30年一つのことに没頭することで、非凡な人へと生まれ変わる。名人達人とは、そういう人なのです。学問も何もないけれども、ろくろを回して焼き物だけをやってきた人がいます。それを30年続けることで、その人は素晴らしい芸術家へと成長していくのです。育んできた素晴らしい人格を反映した名人達人の方々の言葉に、われわれは往々にして感動します。

「一流大学を出た優秀な人が、必ずしも大成するわけではありません。長い期間にわたって継続してきた、その努力の蓄積こそが人を成長させるのです。だから、あなたと苦楽を共にしてきた人を大事にしてください。それがあなたの会社の基礎をつくるのです。基礎を蔑ろにして、立派な会社をつくることはできません」

そのように私は話しております。

私が最初に就職した碍子メーカーに、高校を卒業してから入り、私の研究助手になってくれた人がいます。彼は私と一緒にその会社を辞め、共に京セラをつくってきました。彼はその後、京セラの社長、会長を長く務めてくれました。また、私が直接京都の駅前にある職安に行って採用した高校卒の人は、京セラの専務まで務めてくれました。今、創業時から共に苦労をしてきた人はほとんどがリタイアしていますが、みんなが多くの京セラ株を持ち、豊かで幸せな生活を送っています。それはすべて、ひたむきな努力を重ねることで自分自身を高め、その結果として彼ら自身が勝ち得たものなのです。

謙虚にして驕らず

際立った能力もない、どこにでもいそうな青年であった私が、ただ一生懸命、誰にも負けない努力を重ね、一途に働いてきた結果、京セラはだんだんと大きくなっていきました。しかし、大きくなっていきましたものの、いつどんな弾みで会社がつぶれてしまうかわからないと、私は心配でなりませんでした。現在1兆2千億円を超える売上を誇る会社になっても、まだ私はそういう心配をしています。しかし、そのような絶えることのない心配が、むしろエンジンとなって私を一生懸命仕事に向かわせてくれたのだと思っています。

このような危機感を失ってしまった時に、経営者はホッコリしてしまい、往々にして会社を駄目にしてしまいます。昨今の若い経営者は、ベンチャービジネスを始め、才覚を現し、たちまちに上場を果たします。そして上場する時に、自分が持っている株式を市場に売り出して巨万の富を得ます。まだ30歳そこそこなのに何百億円という大金を手にする。

ところが、そんな大成功を収めた人が、そのうちに没落してしまう。私たちは昨今、そんなケースをたくさん見てきました。

思い返せば、京セラが1971年、大阪証券取引所に上場した時、額面50円の株券に590円の初値が付きました。上場にあたっては創業者が自分の持つ株式を売り出し、キャピタルゲインを得ることが一般的だと、証券会社の人たちは勧めてくれました。しかし、私は一株も自分の株を市場に売ることはしませんでした。私個人には一銭もお金が入らないようにしたわけです。

京セラは上場にあたり、新しい株券を発行し、それを市場に出すという売出上場という形を採りました。ですから、京セラの株式を400円の公募価格で売り出したキャピタルゲインはすべて会社に入りました。京セラは資本金が増え、企業として財務的に豊かになりました。同時に、その資金を元に新たな投資を行い、事業をさらに発展させていくことができました。

会社がうまくいけば、多くの経営者はすぐに有頂天になります。自分の力で成功したのだと驕るようになり、そしてやがては没落していきます。成功を遂げた後こそ「謙虚にして驕らず」ということが大切になるのです。京セラが上場した時、私は自分自身にそのように強く言い聞かせたものですが、西郷は遺訓集の26番目で同じようなことに言及しています。

己れを愛するは善からぬことの第一也。修業の出来ぬも、事の成らぬも、過ちを改むることの出来ぬも、功に伐り驕謾の生ずるも、皆自ら愛するが為なれば、決して己れを愛せぬもの也。

(訳)自分を愛すること、すなわち自分さえよければ人はどうでもいいというような心は最もよくないことである。修業のできないのも、事業の成功しないのも、過ちを改めることのできないのも、自分の功績を誇り高ぶるのも皆、自分を愛することから生ずることであり、決してそういう利己的なことをしてはならない。

「自分が一生懸命に頑張って、また自分の才覚によって会社を発展させ上場させた。すべては自分の才覚のたまものだ。だから、その報酬は自分がすべて受けて当然だ」

そんなふうに経営者が自分を誇るようになってしまうと、会社が駄目になっていくのです。私は自分自身を戒め、「謙虚にして驕らず」という言葉を座右の銘として、いくら京セラが発展しても、今日まで営々と仕事に励んできました。

上に立つ者は己を捨て、自己犠牲を払う勇気を持て

中国の古典に「謙のみ福を受く」という言葉があります。謙虚でなければ、長く幸福を獲得することはできないという意味です。古来、自分を愛する心、つまり私の心が台頭することを戒める大切な教えがあるのです。西郷南洲にも「無私」という思想が貫かれています。公平に心を操り、自分自身をなくする。この無私の考え方は、リーダーにとって一

番大事なことです。

一般的に、上に立てば立つほど人は自分を大事にしてしまいます。大勢の人と協力し、苦労を重ね成功を収めたものの、出世していくにつれ保身に走り、自分を優先するようになってしまうことが往々にしてあります。また、清廉潔白を売り物としていた政治家が当選を重ねるうちに、いつの間にか自分の権勢を大事にするような政治家になってしまうこともあります。

企業経営者でも政治家でも官僚でも、偉くなればなるほど率先して自己犠牲を払わなければならないのです。自分のことはさておき、自分が最も損を引き受けるというような勇気がなければ、上に立ってはならないのです。いや、上に立つ資格そのものがないのです。自己犠牲を払う勇気のない人が上に立てば、その下に住む人たちは不幸になります。

リーダーに必要な無私の精神

私心をなくすことがリーダーにとって最も必要な要諦だということを、西郷南洲は遺訓集の全編にわたって述べていますし、西郷南洲の思想はすべて、この「無私」という考え方に帰結しているように私は考えています。

そのような西郷の思想が最も明確に表れているのが、遺訓集の30番目です。

命もいらず、名もいらず、官位も金もいらぬ人は、仕末に困るもの也。この仕末に困る人ならでは、艱難(かんなん)を共にして国家の大業は成し得られぬなり。

(訳)命もいらぬ、名もいらぬ、官位もいらぬ、金もいらぬというような人は処理に困るものである。このような手に負えない大人物でなければ、困難を一緒に分かち合い、国家の大きな仕事を大成することはできない。

「命もいらず名もいらず、官位も金もいらないという始末に困る人」。これが現在の混迷する世相を救う究極のリーダーの姿であろうと思います。

しかし、誠に残念ながら、われわれを取り巻く各界のトップにこのような思想を持ち、それを実践している人はいません。このことこそ、現代社会の混迷の原因ではないでしょうか。日本の政官財の各界が混迷を深めているのは、すべて西郷南洲が言っているような「無私」の精神を心に秘め、さらにはそれを自らの使命として実践している人がいないがためです。私にはそう思えてなりません。

今こそ、立派な人格、立派な人間性を持った人、つまり自分というものを捨ててでも世のため人のために尽くせるような人がリーダーとして求められているのです。高貴な人格、純粋な思想、高邁（こうまい）な哲学を持った人をわれわれが各界のリーダーとして選ぶ。このことこそが世直しの第一歩になるのではないかと思います。

第二電電創業時の「動機善なりや、私心なかりしか」という思い

遺訓集の7番目です。

事大小と無く、正道を踏み至誠を推し、一事の詐謀(さぼう)を用うべからず。人多くは事の指支(さしつか)ゆる時に臨み、作略(さりやく)を用いて一旦その指支えを通せば、跡は時宜(じぎ)次第工夫の出来る様に思え共、作略の煩(わずら)い屹度(きっと)生じ、事必ず敗るるものぞ。正道を以てこれを行えば、目前には迂遠(うえん)なる様なれ共、先きに行けば成功は早きもの也。

(訳)どんなに大きい事でも、またどんなに小さな事でも、いつも正しい道を踏み、真心を尽くし、決して偽りのはかりごとを用いてはならない。人は多くの場合、ある事にさしつかえができると何か計略を使って一度そのさしつかえをおし通せば、あとは時に応じて何とかいい工夫ができる

かのように思うが、計略したための心配事がきっと出てきて、その事は失敗するにきまっている。正しい道を踏んで行うことは目の前では回り道をしているようであるが、先に行けばかえって成功は早いものである。

策を弄(ろう)することを西郷は厳しく戒めているわけですが、このことで私は、思い出すことがあります。今から20年以上前、第二電電をつくった時のことです。

明治以来、電電公社が独占してきた日本の通信料金は、世界各国に比べて大変高いものでした。情報化社会が到来するといわれながら、世界一高い通信料金がその妨げになっている、これでは国民が困ると心配していたところ、電電公社を民営化し、電気通信事業への新規参入を可能にする方向へと政府の方針が変わりました。

電電公社が民営化されＮＴＴとなり、新規参入が可能になり、正当な競争が起これば通信料金はきっと安くなっていくだろう。どこか立派な会社が早く名乗りを挙げてほしいものだと、私は思っていました。しかし、明治以来、官業として運営されてきたＮＴＴはあまりにも強大で、どの企業も一向に名乗りを挙げようとはしません。NTTに対抗するにはあまりに多大なリスクが伴うと、皆足がすくみ、手を挙げようとはしなかったのです。

このまま新規参入する企業が出なかったら、NTTの独占体制は続き、通信料金は一向に安くなりません。そこで私は考えに考えた挙げ句、電気通信事業についてはまったくの素人であるにもかかわらず、第二電電を立ち上げることを決めました。当時の京セラは、京都ではそれなりに立派な会社に成長していたかもしれませんが、全国レベルでは一中堅企業に過ぎませんでした。そんな企業が東京に出てナショナルプロジェクトの旗揚げをする。生意気だと揶揄もされましたが、これは世のため人のために絶対必要なことだと、私はやむにやまれぬ思いで名乗りを挙げたわけです。

この名乗りを挙げるまでの6カ月間、毎晩ベッドに入る前に私は自問自答を繰り返していました。

「おまえは第二電電という会社を起こし、通信事業に乗り出そうとしている。その考え、動機は善なのか。そこに私心はないのか。おまえが格好をつけたいがために、また金もうけをしたいがために、第二電電という会社を始めようとしているのではないのか」「動機善なりや、私心なかりしか」と6カ月間、私は自分自身に厳しく問い続けました。お酒を飲んで帰った夜も、どんなに疲れた時も、毎晩自分をそのように問い詰めました。

そしてこの自問自答の末、「一切の私心はない。動機も不純なものではない。日本が情報化時代を迎えるにあたり、通信料金を安くしてあげたい、ただその一心だけだ」と確認をしてから、私は第二電電の名乗りを挙げたわけです。

その後、京セラに続き、当時の国鉄を中心とした日本テレコムという会社が新規参入の手を挙げました。国鉄には鉄道通信の組織がありますし、東名阪の長距離通信幹線の整備も、新幹線の側溝沿いに光ファイバーを敷きさえすれば簡単にできます。さらにもう1社、当時の建設省と道路公団を中心としたグループが新規参入しました。これも東名阪の高速道路沿いに光ファイバーを敷きさえすれば、簡単に長距離通信のインフラが整います。対する第二電電は、何のインフラも持っていません。ただ純粋な気持ちだけで手を挙げたに過ぎません。当時の新聞雑誌は「勝負あった」と書き立てました。

第二電電はやむなく、無線でのネットワーク構築を決意しました。大阪・東京間の山の峰から峰へとパラボラアンテナを建て、無線中継で通信幹線を設けることにしたのです。他の２社が新幹線沿いに、また高速道路沿いに光ファイバーを簡単に敷いている時に、われわれ第二電電は山の頂上に大きなパラボラアンテナを設置するため、夏はやぶ蚊に悩まされ、冬は降りしきる雪の中を悪戦苦闘しながら幹線網を立ち上げていきました。

現在、その新電電の中で生き残っているのは第二電電だけです。それも売上３兆円を超える、ＮＴＴに次ぐ第２位の通信会社ＫＤＤＩとして隆々と栄えています。

西郷南洲が言っているように、事をなしていくのに策略を用いれば、一旦はうまくいくように見えます。しかし長いスパンで見れば、それは決してうまくいかないのです。策を巡らせ、戦略戦術を練ってみたところで、あまりにも難しい事業だとみんなが足踏みし、逡巡（しゅんじゅん）します。その時に「世のため人のために」というピュアな思いを信念にまで高め、ただ懸命に努力を続けた企業だけが成功したのです。

優秀な専門スタッフを多数そろえていた大企業が難しいと逡巡していた事業に、何の備えもない京セラのような企業が信念だけで乗り出し、今にあそこは失敗するだろうといわれる中で、スイスイと成功を収めてしまった。

「純粋で気高い思いには素晴らしいパワーが秘められている」と、20世紀初頭、イギリスで活躍したジェームズ・アレンという哲学者は言っています。第二電電の成功は、この素晴らしい真理を証明しているのではないかと思うのです。

策を弄してはならない。正道を踏んでいくことは一見、迂遠であるように見えるけれども、それが成功するための近道なのです。

第二電電は上場を果たしておりますが、創業時から私と一緒に歩んできた人たちみんなに、第二電電の株式を持ってもらいました。しかし、創業者である私は一株も第二電電の株式を持ちませんでした。それは親友でもあったある公認会計士の忠告があったからです。

「あなたは〝動機善なりや、私心なかりしか〟と自らに問うて、創業したはずではないか。ならば、あなたは第二電電の株を一株たりとも持ってはならないはずだ」

ただ、自分の会社の株式を一株も持っていない会長というのもおかしなものです。ですから上場後、私自身がお金を出して、市場から株式を少しだけ買い入れました。このような純粋な思いがベースにあったからこそ、第二電電は成功したのだろうとつくづく思います。

成功は間違いないと思われていた企業が消え去る中で、第二電電だけが今日も隆盛を誇りながら、さらに成長を目指している。そこにこそ企業や人間を成長へと導いてくれる大切な要因があるのだと思います。

知識を魂にまで落とし込む

最後にもう一つ、実践することの大切さについて触れたいと思います。

今日お話しした西郷南洲の言葉は、多くの方々が一度や二度は耳にしておられるものでしょう。しかし、「論語読みの論語知らず」ということがいわれるように、それを知識として知っているだけでは意味がないのです。

「知っている」ことと「実行できる」ことはまったく違います。知識として得たものは、それが魂の叫びにまで高まっていなければ決して使えないのです。

人間には、皆欲望があります。欲望があるけれども、それをできる限り抑えて、公平無私な人でありたいと思う。リーダーになったのだから、自分のことを考えるよりは、まず社員たちのことを先に考えようと思う。自分のおなかが空いていてもまずは子供たちに食べさせようと母親が思う。そういうものが「無私の心」なのです。

母と子の場合には母性愛という本能がありますから、それができるのですが、一般の人間はそれをまず自分自身に教え込まなければなりません。でなければ、知識としてはあっても、いざというときには正反対のことをしてしまうのです。

理屈では知っていて、聞いたこともあります。けれども、実行することはできない。それは、知識を魂にまで落とし込み、使命として心に刻み込んでいないからです。

西郷南洲が言っていることも、みんな一度は聞いていますし、知ってもいます。しかし政官財いずれの世界でも、それを生きる指針にし、実行している人はあまりにも少ない。賢人偉人が知恵を授けてくれているにもかかわらず、それを自分の生きざまにまで落とし込み、いわば血肉にして実行している人があまりに少ないことを、私は危惧しています。

西郷は遺訓集の5番目で、「幾たびか辛酸を歴(へ)て志始めて堅し」と述べています。辛酸をなめてこなければ、その哲学、思想、また志というものは固いものにならないという意味ですが、日常を平々凡々として送り、先人の教えをただ理屈として知っているだけでは、その哲学、思想、また志は決して使えません。辛酸を経験することで、初めてそれが武器として使えるわけです。

西郷は奄美大島や沖永良部島に流されました。その生涯において辛酸をなめました。月照というお坊さんと鹿児島の錦江湾で入水(じゅすい)自殺を図ったこともあります。この時西郷だけが助かるのですが、親友を死なせ、自分だけがおめおめと生きながらえてしまった。武士として耐え難い恥辱であったろうと思いますが、その辱めを西郷は耐え忍びました。

お釈迦(しゃか)さまは「忍辱(にんにく)」という言葉を使い、一番難しいのは辱めを受けても、それに耐えることだとおっしゃっています。しかし、その忍辱に努めることによって悟りの境地に達することができるとも説いておられます。西郷南洲も、生涯を通じて辛酸をなめ続けることで維新の志を堅固で揺るぎないものにしていったのだと思います。

われわれ一般人がそのような辛酸をまねることはできません。しかし、知識として得たこと、思っていることを心の奥底にまで落とし込んでいくことはできるはずです。「自分はこういう生き方をしていきたいのだ」と自分自身の魂に繰り返し繰り返し訴え、自らの思いを魂に染み込ませていくことはできるはずです。この豊かな時代に、辛酸をなめるということを経験することは難しいと思います。だからこそ、自分の魂に繰り返し訴え、志を固く揺るぎないものにしていく必要があるのです。

本日は、長々とお話をしてまいりました。

私自身、西郷南洲の思想が今日の京セラ、また私自身をつくってくれたと実感しているものですから、またその教えこそが集団の上に立つ者の要諦、つまりリーダーのあるべき姿を最も端的に表していると強く思い、あえてお話し申し上げた次第です。

私自身、西郷南洲の思想を通じてさらに研さんを重ね、実践を通じて自分の魂をさらに磨き、高めていかなければならないと思っています。

大変生意気なことを申し上げてしまいました。大変恐縮いたしております。今日はこれで終わらせていただきます。

ご清聴ありがとうございました。

※引用した『南洲翁遺訓』の本文と訳は『南洲翁没百二十五年記念版　西郷南洲翁遺訓』(山田尚二編集、財団法人西郷南洲顕彰会発行、2001年)を底本として、一部修正したものです

第７章　敬天愛人の精神

あとがき

今、就職活動をする若者は「ワークライフバランス」を重視する。育休取得や休暇の充実といった私生活と仕事との調和が望めない職場は敬遠される。長時間労働の是正など国が主導する働き方改革の精神は、若い世代にすんなり受け入れられたようだ。

激務に健康をむしばまれ、人間関係に精神をすり減らすだけの日々が豊かな人生なはずがない。勤務時間中は仕事に打ち込み、定時にはさっと引き上げて趣味や家族との時間を楽しむ。そんな価値観に鈍感過ぎた世代は反省すべきだろう。

ただ、仕事に〝頑張りどころ〟があるのは、昔も今も変わらないのではないか。

学生生活と決別し、社会人になる。仕事を一から覚え、早く一人前になりたいと願う。ここが最初の頑張りどころだ。その後も、全てのことを忘れて一つのことに没頭する闘志のスイッチが入る局面は、人生の中で何度かある。

淡泊過ぎる仕事との向き合い方に、違和感が消えない。鹿児島の書店で稲盛和夫さん関連の書籍が1コーナーを占め続けるのは、こうした思いを抱く人が少なくない一つの証拠だと思う。

2022年8月に亡くなった後、南日本新聞は稲盛さんと接点があった人に、思い出や受けた影響を語ってもらって連載した。記事から浮かぶのは、泥臭いほどの熱意に忠実なこの人の姿だ。証言の一つ一つに、常にもう一つ上を目指す気力を武器に成功を収めた郷土の先輩への「憧れ」と「尊敬」があふれる。

受験には失敗するし、狙った企業への就職は果たせない。恩師の紹介で潜り込んだ会社は経営難の真っただ中だった。転職を画策するが、これもまたうまくいかない。不満や不安から逃れるように、目の前の研究に情熱を注ぎ込む。ここから、稲盛さんの冒険譚(たん)は始まる。

他社が断る注文を、その時点の自社の技術では無理と分かっていても「できます」と引き受ける。職場に泊まり込んで納期までに技術開発を成功させ、無謀と思われた約束を果たす。「能力を未来進行形で捉える」というチャレンジ精神で社内の、業界の、経済界のブレークスルーを繰り返す。

夜は従業員との車座論議で考え方を共有する。こうして世界企業に上り詰めていく軌跡は、冒険譚と言わずに何と言おうか。胸躍るストーリーの主人公に憧れるのは当然だ。

さらに人を引きつけるのは、心の持ちようだろう。「動機善なりや、私心なかりしか」「利他の心」。経営者というよりも思想家のようなその言葉である。潔い言行一致に人がほれ込み、尊敬するのは全く不思議ではない。

２０１９（令和元）年夏、京都市下京区の稲盛財団でインタビューした。鹿児島市の思い出に話が及んだ。城西中学校近くの実家付近の甲突川にすむダンマエビ（手長エビ）を捕るこつを、詳しく話してくれた。

「今度帰って来られた時、エビを捕る姿を撮影させてください」。冗談半分でお願いすると、「いいねえ！　撮ってもらおう」と身を乗り出した。この日一番の笑顔だ。事を成し遂げ、時代を築いた大物の全身からあふれ出す古里への素朴な愛情。チャーミングな人だと感じた。

「憧れ」「尊敬」に加え、「親愛」の情を抱いた人は多い。この人のことをもっと語りたい、もっと知りたい。そんなファンが多い理由はここにあるのだろう。

南日本新聞社論説委員会委員長　山野俊郎

取材

第２章　高嶺千史
鶴園悠太
野村真子
永山一樹
種子島時大
山下悟
園田尚志
宮路直人
下栗淳也
下吹越愛莉
入角里絵子
村上隼
門田夫佐子
五反田和美
鹿島彩夏
新澤杏菜
藤﨑優祐

第３章　平川順一朗

第５章　江口淳司

第６章　山野俊郎

故郷への置き土産

－稲盛和夫伝－

2024（令和6）年6月12日　初版発行

発　　行　南日本新聞社　〒890-8603　鹿児島市与次郎1－9－33

制作・発売　南日本新聞開発センター
〒892-0816　鹿児島市山下町9－23
TEL 099(225)6854　FAX 099(225)2610
URL https://www.373kc.jp

制作協力　京セラ株式会社稲盛ライブラリー
国立大学法人鹿児島大学稲盛アカデミー
京都新聞社

カバー写真　LiVE ONE　菅野勝男

ISBN978-4-86074-314-7　定価：2,200円（本体2,000円＋税10％）
C0010 ¥2000E